Sei Heldin

Wie du Zweifel überwindest
und dein Abenteuer lebst

Michaela Muschitz

© 2019 Verlag punktgenau Wien
Gestaltung & Satz: Andrea Schiffer
Illustrationen: Michaela Muschitz
Lektorat: Eva Hammani-Freisleben
Coverfoto: Shutterstock
Print: Booksfactory
ISBN 978-3-9504531-9-5
verlag-punktgenau.at
heldin-sein.at

Bevor es losgeht, möchte ich mich bei dir bedanken, dass du dich für dieses Buch entschieden hast, und dir zu deinem Mut gratulieren. Es ist nicht selbstverständlich, dass wir uns selbst als Heldinnen bezeichnen – doch genau das möchte ich ändern!

Wenn du erlaubst, spreche ich dich in diesem Buch per du an. Ich biete in meinen Seminaren den Teilnehmer*innen auch immer zu Beginn das Du-Wort an, weil ich es persönlicher finde, als das „Sie". Und das hier wird persönlich, glaube mir. Darum hoffe ich, es ist für dich okay, wenn wir uns duzen.

Da ich dieses Buch für Frauen geschrieben habe, schreibe ich vorwiegend in der weiblichen Form. Solltest du, lieber Mann, dieses Buch lesen, weil du dich ebenfalls ins Abenteuer stürzen willst, bitte ich dich, dich ebenfalls angesprochen zu fühlen. Ausgleichend dafür schreibe ich von Schwellenwächtern und Verhinderern in der männlichen Form, auch wenn diese nicht ausschließlich männlich sind.

Dieses Buch ist als Arbeitsbuch gedacht – es soll dich während deiner ganzen Reise begleiten und ich freue mich, wenn du immer wieder reinliest an den verschiedenen Stationen der Reise und die Schreibübungen machst, die zu dieser Phase gehören.

Lass uns beginnen!

Kapitel 1

Die Reise vorbereiten

Wo geht es hier zu den Träumen?

Ich schreibe dieses Buch für jene Frauen, die im Schatten ihrer Zweifel sitzen und auf ein Wunder hoffen. Gehörst du auch zu jenen Frauen, die schon viel in ihrem Leben erreicht haben und nun an einem Punkt sind, an dem du dir denkst: Soll das alles gewesen sein?

Ich erlebe im Coaching immer wieder Frauen, die darauf warten, dass irgendetwas passiert. Sie warten auf eine gute Gelegenheit, jemand, der sie bei der Umsetzung ihrer Ziele unterstützt oder der ihnen den Weg ebnet. Und solange diese Person nicht auftaucht, sich diese Gelegenheit nicht bietet, lassen sie ihr Leben dahinplätschern.

Doch was tun wir mit dieser Haltung? Wir begeben uns in die Passivität. In die immerwährende Warteschlange, in der Hoffnung, irgendwer wird unser wahres Ich erkennen und uns befreien. Wir hoffen auf jemand, der uns das Tor zu unserer Zielerfüllung öffnet, damit wir nur noch hindurch gehen müssen wie die Goldmarie. So geben wir die Verantwortung für unser Leben ab – wir geben anderen Menschen damit die Macht über unser Leben zu entscheiden, wenn wir darauf warten, dass sie uns sagen, was wir tun sollen. Oder wenn wir auf jemanden hoffen, der die Hindernisse für uns aus dem Weg räumt und dann mit uns in den Sonnenuntergang reitet. Mädels, vergesst die Prinzen! Davon gibt es leider so wenige, dass die nicht für uns alle reichen werden.

Bitte verstehe mich richtig – ich meine nicht, dass du deinen Partner verlassen oder allen männlichen Wesen in deiner Umgebung abschwören sollst. Ich bin auch nicht der Meinung, dass du dein Abenteuer nur bestehst, wenn du dich alleine auf den Weg machst. Ganz im Gegenteil. Wenn du einen Prinzen an deiner Seite hast – wunderbar! Er kann eine wichtige Rolle als Unterstützer einnehmen, zum Beispiel, wenn er an den Tagen, an denen du einen Kurs besuchst, den du für dein Ziel brauchst, die Kinder nimmt. Aber ich will, dass du dein Abenteuer antrittst, notfalls auch ohne die Unterstützung deines Partners!

Es geht mir darum, dass du selbst aktiv wirst und dich nicht auf die Entscheidungen deines Partners, deiner Familie oder Freunde verlässt und dein Leben nur danach richtest.

Trotz der enormen gesellschaftlichen Veränderungen der letzten Jahrzehnte, verharren noch immer viele Frauen in der Passivität. Einige haben sich schon auf den Weg gemacht, haben sich schon ihrem Abenteuer gestellt und leben ihre Träume. Doch auch wenn Frauen heute besser ausgebildet sind und mehr Möglichkeiten und Freiheiten haben, trauen sich viele noch immer nicht, ihre Ideen zu leben. Sie empfinden ihre Träume als zu unkonventionell, zu ungewöhnlich oder nicht ins gängige Gesellschaftsbild passend. Was glaubst du, welch erstaunte und manchmal auch abschätzige Kommentare ich geerntet habe, als ich erzählt habe, ich möchte als Autorin und Coachin arbeiten? „Was, davon kann man leben?" oder „Weshalb willst du dir das antun? Im Marketing kannst du doch viel mehr verdienen." Das waren noch die mildesten Aussagen. Schriftstellerin zu sein und mit Menschen zu arbeiten war mein Kindheitstraum – ich brauchte einige Umwege über vermeintlich sichere Jobs im Marketing bis ich nun endlich meinen Traum lebe.

Es gibt dutzende Gründe, weshalb etwas gerade nicht funktioniert oder wir unser Vorhaben momentan nicht in Angriff nehmen können. Auf die Frage, was meine Klient*innen bisher daran gehindert hat, ihre Wünsche umzusetzen, kommen schnell viele Argumente. Die Klassiker sind „zu wenig Zeit" und „zu wenig Geld". Doch bei genauerem Hinsehen stellen sich diese Argumente als Ausreden heraus. Als Hürden, die sich lösen lassen. Wie, dazu kommen wir später. Darüber hinaus sind wir im deutschsprachigen Kulturkreis darauf geschult, die negativen Dinge zu sehen. Wir suchen die Schwachstellen und möglichen Fehler, übersehen dabei aber die positiven Aspekte und Möglichkeiten. Wie sehr uns das noch heute bei der Umsetzung unserer Abenteuer hindert, werden wir uns ebenfalls noch ansehen, und auch was wir dagegen tun können.

Ich will, dass wir Schluss machen mit der Warterei und der Zurückhaltung! Nehmen wir unser Leben in die Hand und machen wir das Beste daraus. Denn wir haben nur dieses eine Leben und das sollten wir nicht mit Hoffen und Warten verbringen, sondern es aktiv gestalten und unsere Träume leben.

Wogegen ich mich ausspreche ist, die eigenen Wünsche hintenanzustellen – hinter die Träume und Ziele deines Partners oder deiner Familie. Als ich diese Ansicht bei einem Vortrag vertrat, meinte eine Zuhörerin empört: „Dann muss ich ja egoistisch sein!" Ja! Stell deine Bedürfnisse und Wünsche nicht weiter hinter die anderer Menschen. Steh dafür ein. Du hast, genau wie jeder andere Mensch, ein Recht auf deine Träume. Also setze diese nicht an die letzte Stelle der zu erledigenden Dinge. Das wird zwar nicht immer einfach werden – aber wer behauptet schon, dass es einfach ist, Heldin zu sein?

Darum soll es in diesem Buch gehen – dich als Heldin zu stärken. Ich will dich in diesem Buch ermutigen, deinen eigenen Weg zu gehen. Wie ungewöhnlich er auch immer sein mag. Ich will dir zeigen, wie du mit deinen Zweifeln umgehen kannst. Und wie du mit jenen netten Zeitgenossen, den Schwellenwächtern, umgehen kannst, die dich an deinem Abenteuer hindern wollen. Und ich will dir zeigen, dass du auch am absoluten Tiefpunkt deiner Heldinnenreise, in der „schwärzesten Nacht", einen Ausweg finden kannst. Wenn du bereit bist, zu lernen und dich zu verändern.

Doch bevor wir uns an die Reisevorbereitung machen, lass mich erzählen, worum es bei der Heldinnenreise überhaupt geht.

Die Heldinnenreise unseres Lebens

Der Ethnologe Joseph Campbell fand ein Schema, nach dem Geschichten und Märchen aller Kulturen dieser Welt aufgebaut sind. Dieses archaische System spiegelt sich heute noch in Filmen wider. Und auch in unseren Leben können wir dieses Schema entdecken. Wir hören einen Ruf des Abenteuers, treffen auf die Schwellenwächter, die uns daran hindern wollen, zweifeln an uns und dem Abenteuer in der schwärzesten Nacht. Bis wir schließlich durch die Gabe wieder den Weg in die Tagwelt finden und unsere Reise erfolgreich bestehen.

Dieses Buch macht dich mit den einzelnen Stationen deiner Heldinnenreise bekannt und begleitet dich ein Stück des Weges.

Joseph Campbell hat sein Schema Heldenreise genannt – ich nenne es in diesem Buch bewusst die Heldinnenreise.

Wie du siehst, teilt sich die Heldinnenreise in zwei Teile auf – die Tagwelt und die Nachtwelt.

Die Tagwelt ist jener Abschnitt der Reise, in dem wir uns auskennen, wo wir die Spielregeln kennen. Du bewegst dich in deinem gewohnten Umfeld, in dem du zu Hause bist und die geschriebenen, aber auch ungeschriebenen Regeln kennst und beherrschst. Die Nachtwelt hingegen ist jener Bereich, der uns unbekannt ist, wo uns Neues erwartet, das uns auch Angst macht. In der Nachtwelt gelten andere Regeln, die wir (noch) nicht kennen, die wir erst lernen müssen. Wir sehen im Dunkeln einfach nicht so gut wie im Licht, sind daher unsicher und tasten uns nur vorsichtig weiter.

Deshalb macht der Schwellenübertritt auch solche Angst. Wir begeben uns auf Terrain, in dem wir nicht wissen, welche Gefahren auf uns lauern. Doch wenn wir diesen Teil der Reise in der Nachtwelt überstehen, kehren wir gestärkt durch neues Wissen in die Tagwelt zurück, können das Gelernte integrieren und so unsere Tagwelt ein Stück erweitern.

Du eroberst stückweise mehr Terrain, ähnlich wie in Science Fiction Filmen neue Welten entdeckt werden, und lernst, wie du mit den neuen Gebieten und den dort herrschenden Regeln umgehen musst, um zu überleben.

Wozu brauchen wir Heldinnen?

Feuerwehrleute oder Rettungskräfte, die unter Einsatz ihres Lebens Menschen retten, werden zu Recht als Held*innen gefeiert. Oder denk an den Film *Erin Brockovich* – die Verfilmung der wahren Geschichte einer jungen Frau, die sich mit einem großen Konzern anlegt, weil sie herausfindet, dass dieser das Grundwasser einer ganzen Region verschmutzt und die Menschen dadurch krank wurden und sogar starben. Obwohl sie keine juristische Ausbildung hat, kann sie die betroffenen Menschen davon überzeugen, sich einer Sammelklage anzuschließen, und eine hohe Schadensersatzsumme für diese Menschen bewirken.

Heldin sein hat viel mit Mut zu tun. Dem Mut in einer Situation etwas Ungewöhnliches zu tun. Die eigene Angst zu überwinden und einen Schritt weiter zu gehen. Weiter als man es sich normalerweise selbst zutrauen würde.

Im Wort zutrauen steckt das Wort trauen – ich traue mich, etwas zu tun, das ich noch nie getan habe. Etwas, von dem ich nicht weiß, ob ich es schaffen werde. Ich traue mich den Schritt zu machen, obwohl ich weiß, dass ich scheitern könnte. Wie Erin Brockovich, die während der langen Zeit, in der sie die Familien abklappert, um die Unterschriften für die Sammelklage einzuholen, auch viele Rückschläge in Kauf nehmen muss. Und in dieser Zeit, ganz gegen ihre sonstigen Prinzipien, ihre Kinder ihrem Nachbarn und späteren Freund überlassen muss. Lange Zeit ist nicht klar, ob sie genügend Familien überzeugen kann, sich der Klage anzuschließen. Es sieht so aus, als würde sie scheitern, doch sie gibt nicht auf.

Herausforderungen anzunehmen und sich auf den Weg zu machen, das ist der erste Schritt auf dem Weg zum Heldentum. Dafür bewundern wir

Heldinnen, ob im Film oder in der Realität: Für den Mut, sich einer Aufgabe zu stellen mit dem Wissen, dass sie scheitern könnten. Diesen Mut braucht es, um Heldin zu sein.

Wenn ich Herausforderungen (und auch Chancen) nicht nutze, aus der Angst zu scheitern, kann ich nicht Heldin meines Lebens sein. Wie viele Herausforderungen in deinem Leben hast du nicht angenommen?

Doch das Schöne ist – wir bekommen immer wieder Chancen, es bieten sich neue Möglichkeiten. Es ist also nicht zu spät. Schon hinter der nächsten Ecke kann die nächste Chance/Möglichkeit/Herausforderung auf dich warten. Doch wirst du diese auch erkennen? Nimmst du eine Herausforderung als solche wahr? Oder erkennst du diese nur, wenn sie direkt vor dir steht, sich dir geradezu in den Weg stellt?

Manchmal verstecken sich Herausforderungen in kleinen Anmerkungen der Vorgesetzten oder in einem Inserat über eine Weiterbildung in der Tageszeitung, die du achtlos überblätterst. Heldinnen gehen mit offenen Augen und Ohren durch den Alltag, um die Aufforderungen zum Abenteuer nicht zu übersehen (oder zu überhören). Wie wachsam und aufmerksam gehst du durchs Leben?

Beobachte es in den nächsten Wochen. Hör deiner Chefin und deinen Kolleg*innen aufmerksam zu und schau genau hin, wo sich eine Herausforderung gut getarnt hat.

Für die Reise packen: Eigenverantwortung

Was braucht es also, um Heldin im eigenen Leben zu werden?
Welche Eigenschaften musst du mitbringen, welche Voraussetzungen brauchst du?
Ist eine Kollegin zur Abteilungsleiterin befördert worden, und nicht du?

Oder hat dir die Nachbarin mal wieder ihre Kinder zum Aufpassen vorbeigebracht, und das an deinem einzigen freien Nachmittag in der Woche? Denkst du manchmal, alle Welt hat sich gegen dich verschworen und das Leben ist furchtbar ungerechnet? Vorsicht! Das ist eine hinterhältige Denkfalle.

Wenn du dich selbst als Opfer deiner Umwelt oder gar deines Lebens empfindest, ist das eine gefährliche Falle. Du musst erkennen, dass dein Leben einzig und allein von einer Person bestimmt wird: von DIR! Ich höre schon das Gemurmel und Geraune – stimmt nicht, meinst du? Da sind so viele Menschen, die Einfluss auf dein Leben haben, die du in deinen Gedanken und Entscheidungen berücksichtigen musst. Ja stimmt – deine Chefin, deine Familie haben Einfluss auf dein Leben. Du tust oder lässt gewisse Dinge für andere Menschen. Du nimmst zum Beispiel Rücksicht auf deine Familie, auf deine Arbeitskolleg*innen. Du packst nicht von heute auf morgen deine Sachen und verlässt deine Familie, weil sie dir gerade auf die Nerven geht. Du sagst deiner Chefin nicht die Meinung, weil du sonst deinen Job verlierst. Doch es macht einen Unterschied ob du dich als Opfer dieser Umstände von außen empfindest oder nicht: Das ist deine Fähigkeit dich zu entscheiden. Es ist deine Entscheidung, wie du mit einer Situation umgehst. Ob du darunter leidest und dich selbst bemitleidest, oder dir überlegst, was du anders machen kannst.

Die Frage ist, ob du dir dessen bewusst bist oder ob du viele Dinge aus Routine gar nicht mehr entscheidest. Mach dir bewusst, dass es Wahlmöglichkeiten gibt und übernimm die Eigenverantwortung für deine Entscheidungen!

Wie du denkst, beeinflusst den Ausgang deines Abenteuers

In Vorbereitung dieses Buches habe ich mich viel mit „Glücklich sein" und Positiver Psychologie beschäftigt. Ich habe lange mit dem Gedanken gespielt, eine Ausbildung zur Psychotherapeutin zu machen. Aber ich habe bemerkt, je mehr ich mich mit psychischen Erkrankungen, Depression auseinandergesetzt habe, desto schlechter ging es mir selbst. Ich wurde antriebslos, misslaunig und es wollte mir nichts mehr so richtig gelingen.

Dann stolperte ich über den TED-Talk von Shawn Achor [1] (den Link zum Video findest du in den Ressourcen, Seite 123). Der Amerikaner hat sich über zwölf Jahre an der *Harvard University* damit beschäftigt, warum manche Studenten glücklich und erfolgreich sind, während andere unter dem Stress eines Studiums in Harvard beinahe zerbrechen. Er lernte die Arbeit von Martin Seligman kennen, der eine Wende in der Psychologie einleitete. 1998 verkündete Seligman, es sei an der Zeit, dass sich Psychologie nicht nur mit psychischen Erkrankungen befasst, sondern mit positiven Aspekten – also warum Menschen glücklich sind und nicht nur, warum sie krank sind. Das war die Geburtsstunde der Positiven Psychologie.

Daraus entwickelte sich die *Positiv denken*-Bewegung, die leider in manchen Bereichen übers Ziel hinausschießt. Das ist es auch nicht, wozu ich dich aufrufen will.

Mir geht es vielmehr darum, dir zu zeigen, warum eine positive Haltung hilfreich ist, ohne alles durch eine rosarote Brille zu verklären. Es geht auch nicht darum, mit einem Dauergrinser durch die Welt zu laufen – gerade während des Weges der Hindernisse wird dir wahrscheinlich öfter das Lachen vergehen. Was ich will, ist, dir zeigen, wie du mit auftretenden Schwierigkeiten umgehen kannst – und ein positives Mindset, wie es im Englischen heißt, wird da hilfreich sein.

Shawn Achor bringt es in seinem Buch *Happiness Advantage* [2] so schön auf den Punkt: "Beliefs can change the results of our efforts and of our work. .... Once we realize how much our reality depends on how we view it, it comes as less of a surprise that our external circumstances predict only about 10% of our total happiness."

Ich gehe jetzt einmal davon aus, dass du vorhast, dich auf dein Abenteuer einzulassen, weil du glücklich sein willst. Die zahllosen Studien, auf denen Achors Arbeit beruhen, zeigen deutlich, dass die äußeren Umstände nur zehn Prozent zu unserem Glück beitragen! Das heißt zu neunzig Prozent hängt unser Glück davon ab, wie wir die inneren und äußeren Begebenheiten sehen, wie wir sie interpretieren und was wir daraus machen. Wenn wir nur die Schwierigkeiten, Fehler, also das Negative sehen, entstehen in unserem Hirn so etwas wie Datenautobahnen und wir sehen nur noch die negativen Dinge. Das ist eine Art Filter in unserem Gehirn und du kennst das sicher: Kaum hast du dich für ein bestimmtes Auto entschieden, siehst du auf einmal jede Menge Autos dieser Marke herumfahren. Oder als du schwanger warst, hast du überall schwangere Frauen gesehen.

Das Problem ist, wenn wir nur die negativen Dinge herausfiltern und uns darauf fokussieren, übersehen wir die Möglichkeiten, die sich uns gleichzeitig bieten. Ein wunderbares Beispiel, wie mächtig dieser Filter im Gehirn ist, ist ein Video, das in den sozialen Medien vor einiger Zeit viral ging. Es war ein Aufmerksamkeitstest, bei dem zwei Gruppen Ball spielten. Der Zuseher wurde aufgefordert mitzuzählen, wie oft der Ball bei der Gruppe mit den weißen Shirts hin und her geworfen wurde. Die Versuchspersonen konnten mehr oder weniger genau sagen wie oft der Ball geworfen wurde. Was jedoch fast allen Versuchspersonen entging: Während die Gruppen mit dem Ball spielen, taucht eine Person im Gorillakostüm auf, bleibt stehen, schlägt sich mit den Fäusten auf die Brust und verlässt das Bild wieder. Versuchspersonen bestritten, dass da noch eine weitere Person auftauchte, geschweige denn ein Gorilla. Erst als man ihnen das Video ein weiteres Mal zeigte, sahen sie die Person im Gorillakostüm.

Mich hat dieser Versuch schwer beeindruckt, weil er mir deutlich gemacht hat, wie sehr unser Gehirn unsere Wahrnehmungen filtert. Das ist auch der Grund, warum es mir immer schlechter ging, als ich mich mit psychischen Erkrankungen beschäftigte. Übrigens ein Phänomen, das man auch bei Medizinstudenten beobachtet, die während des Studiums glauben, an allen möglichen Erkrankungen zu leiden, weil sie die Symptome dafür gelernt haben.

Warum ich dir das alles erzähle?

Weil der Ausgang deines Abenteuers von deiner Einstellung, deinem Mindset abhängt – zu neunzig Prozent! Wenn du also schon vor dem Start in deine Heldinnenreise davon ausgehst, dass es auch diesmal nichts wird mit deinem Abenteuer – dann wird es mit großer Wahrscheinlichkeit auch nichts werden!

Ich bitte dich daher inständig, dich auf die Übungen in diesem Buch einzulassen und nur zum Spaß mal davon auszugehen, dass es klappen wird. Ich zeige dir zu einem späteren Zeitpunkt im Buch, wie du mit den aufkommenden Zweifeln umgehen kannst. Aber fürs Erste bitte ich dich: Sei aufmerksam für die Möglichkeiten, die sich ergeben, statt auf Schwierigkeiten zu achten. Die bekommen wir in den Griff, glaube mir!

Reisetagebuch

Bevor wir die Reise beginnen, braucht es noch eine weitere Vorbereitung: das Anlegen eines Reisetagebuches.

Ähnlich wie die alten Seefahrer ihre Tagesetappen dokumentiert haben, hältst du darin fest, was auf deinem Weg des Abenteuers aufgetaucht ist. Wer hat sich dir in den Weg gestellt und wie bist du damit umgegangen? Welche wichtigen Erkenntnisse hattest du heute, die dir später auf der Reise nützlich sein können? Seefahrer notierten im Logbuch ihren Kurs, mit wie viel Knoten Geschwindigkeit sie unterwegs waren, wie das Wetter war und welche Beobachtungen sie gemacht haben. Du dokumentierst deine Fortschritte für spätere Reisen. Du fertigst auch Landkarten an oder verfeinerst vorhandene Landkarten: von dem Gebiet, das du erobert hast, welche Berge oder Flüsse du, metaphorisch gesprochen, überquert hast.

In dieses Reisetagebuch trägst du natürlich auch deinen Wunsch, dein Reiseziel ein. Wie du dieses Ziel findest, werden wir ausführlich im nächsten Teil des Buches besprechen.

Leg dir ein Notizbuch oder ein Heft zu, das dir gefällt und das du gerne zur Hand nimmst – denn du wirst es im Laufe der Zeit oft verwenden. Gönn dir ein schönes Notizbuch und wähle ein Material, das sich gut anfühlt – ob du als Einband Papier, Leinen, Leder oder Seide bevorzugst oder ein ganz anderes Material, liegt bei dir. Wähle das Buch bewusst aus – mit allen Sinnen. Fühlt sich der Einband angenehm an, gefällt dir die Farbe? Wie riecht das Buch? Wie klingt es, wenn du das Buch auf- oder zuklappst? Magst du die Oberfläche des Papiers?

Wenn du ein Buch oder Heft ganz nach deinem Geschmack gefunden hast, wähle noch das passende Schreibgerät. Füllfeder, Kugelschreiber, Bleistift oder Gelroller – was auch immer du magst. Das Schreiben in deinem Reisetagebuch soll etwas Besonderes für dich werden. Es soll ein kleines Ritual werden, das du dir nur für dich gönnst. Es dient dir zur Vorbereitung, aber auch zur Dokumentation deiner Heldinnenreise. Ein Buch, in dem du im Laufe der Reise deine erfolgreich bestandenen Abenteuer niederschreibst, damit sie dir Mut machen in Zeiten, in denen es schwieriger wird.

Das Schreiben in diesem Reisetagebuch wird entscheidend sein für den Ausgang deiner Heldinnenreise. Wenn du dieses Buch nur liest, aber die darin vorgeschlagenen Übungen nicht durchführst, also die Antworten zu den gestellten Fragen nicht in dein Reisetagebuch schreibst, siehst du nur von außen zu. Dann bleibt es ein passives Konsumieren. Wie bei einer Schneekugel oder einem Film. Du stehst draußen und siehst von dort aus zu, was sich drinnen abspielt. Du bleibst unbeteiligt. Willst du an deinem eigenen Leben unbeteiligt bleiben? Von außen zusehen?

Daher meine Bitte, ja Aufforderung: Lies die Übungen nicht nur! Schreib die Antworten zu den Übungen in dein Reisetagebuch. Sonst wird dieses Buch keinen Unterschied machen, zu den vielen anderen Büchern, die du schon gelesen hast. Es wird sich nach der Lektüre nichts oder nur wenig verändern. Wage den Schritt hinein ins Abenteuer und erlebe deine Heldinnenreise live mit. Oder hast du schon einmal eine Urlaubsreise gebucht, bezahlt und bist dann zu Hause geblieben und hast dir anschließend die Fotos zeigen lassen? Wohl kaum. Also steig auch hier ein und tritt die Reise an. Indem du aktiv an allen Angeboten, die ich dir im Laufe der Reise unterbreite, mitmachst und die gestellten Fragen schriftlich beantwortest.

Sorge dafür, dass dein Reisetagebuch für sonst niemand zugänglich ist. Dass niemand außer dir darin schreiben und lesen wird. Du sollst darin offen und ehrlich deine Gedanken und Bedenken, deine Triumphe und Niederlagen aufschreiben. Es werden sehr intime Gedanken dabei sein, die du niemand anderem zeigen willst. Du entdeckst im Zuge der Reise vielleicht Seiten an dir, mit denen du dich selbst erst anfreunden musst.

Manchmal braucht es Zeit, die eigene Heldin zu mögen. Und in dieser Zeit ist die Heldin noch sehr verwundbar – setze sie daher noch nicht der Öffentlichkeit aus. Außenstehende Personen können deine Aufzeichnungen falsch interpretieren und machen vielleicht Scherze über deine Notizen oder stellen Fragen, die dir unangenehm sind. Achte daher während der Reise darauf, dass dein Reisetagebuch für andere tabu bleibt. Am Ende der Reise, wenn deine Heldin stark und sicher ist, kannst du sie deiner Umwelt vorstellen.

Schreibend in die Heldinnenreise

Weshalb schriftlich, fragst du dich vielleicht. Reicht es nicht, darüber nachzudenken? Ich behaupte nein. Am Papier zu denken, hat eine ganz andere Qualität. Indem du Gedanken am Papier festhältst, deine Gedanken gewissermaßen entschleunigst, damit du sie aufschreiben kannst, gewinnen deine Gedanken an Tiefe. Daher solltest du alles aufschreiben, was auftaucht. Schreibe auch Dinge auf, die dich überraschen, Dinge, die du normalerweise nicht zu denken wagst oder die gesellschaftlich vielleicht auch nicht anerkannt sind. Weiche diesen aus den Tiefen auftauchenden Wünschen und Gedanken nicht aus. Stell dich ihnen. Natalie Goldberg beschreibt es in ihrem Buch *Schreiben in Cafés* [3] sehr treffend: „Weichen Sie dem wunden Punkt nicht aus. Wenn Sie etwas schreiben, was Sie erschreckt oder Ihnen das Gefühl gibt sich bloßzustellen, bleiben Sie dran. Wahrscheinlich steckt darin jede Menge Energie."

Und genau darum geht es: Anders als beim Denken, werden beim Schreiben die Gedanken festgehalten. Sie können sich nicht gleich wieder verflüchtigen. Und darum kannst du auf Dinge draufkommen – auf deine Themen, die dir wirklich wichtig sind.

Vielleicht musst du erst herausfinden, was es in deinem Leben ist, was du tun musst. Was deine Bestimmung ist. Dein Ruf des Abenteuers soll dich dieser Bestimmung näherbringen.

Ich habe immer wieder von meinen Klient*innen gehört: „Ich weiß nicht, was ich aufschreiben soll. Das ist doch alles zu unwichtig, als dass ich es auch noch aufschreibe." Da meldet sich deine innere Zensorin oder dein innerer Zensor zu Wort. Das sind jene verinnerlichten kritischen Stimmen, die wir irgendwann in der Vergangenheit als Kommentar zu unserem Schreiben gehört haben – sei es von Eltern, Lehrer*innen oder Chefs. Und diese Kritik haben wir so verinnerlicht, dass sie sich auch jetzt, gleich wieder meldet, „um den Unfug zu verhindern".

Natalie Goldberg sagt dazu: „Wenn Sie keine Angst mehr vor den Stimmen in Ihrem Inneren haben, dann fürchten Sie auch die Kritik von außen nicht mehr. Im Übrigen sind diese Stimmen nur die Dämonen, die den wahren Schatz, die spontanen Gedanken des Bewusstseins, schützen wollen."[4]

Finde heraus, was dein Ruf des Abenteuers ist, indem du ihn dir erschreibst. Wie wir mit den Schwellenwächtern und inneren Zweifeln umgehen, wird uns im Zuge dieser Reise noch beschäftigen!

Freewriting

Ich bin eine große Anhängerin des *Freewriting* und möchte auch dich – so wie ich es schon bei meinen Klient*innen gemacht habe – damit anstecken. Freewriting ist eine geniale und einfache Methode, schreibend zu denken. Vergiss jeden stilistischen Anspruch, Grammatik und Rechtschreibung und folge einfach deinen Gedanken.

Meine Schreibmentorin Judith Wolfsberger vom *writers'studio* in Wien hat die folgenden zehn Freewriting-Regeln zusammengefasst:

Zehn Freewriting-Regeln

1 Wähle einen Begriff oder ein Thema als Ausgangspunkt.

2 Stelle eine Stoppuhr/Eieruhr auf 10, 15 oder 20 Minuten.

3 Beginne einfach zu schreiben, was immer dir durch den Kopf geht.

4 Die schreibende Hand bleibt in Bewegung.

5 Lies nicht, was du geschrieben hast. Schreib einfach weiter.

6 Nichts löschen oder durchstreichen!

7 Sorge dich nicht um Rechtschreibung, Satzzeichen & Grammatik.

8 Verliere die Kontrolle, folge einfach deinen Gedanken, Exkurse und Blödsinn sind okay.

9 Wenn dir nichts mehr einfällt, schreibe so lange „mir fällt nichts mehr ein ..." bis ein neuer Gedanke kommt ...

10 Wenn die Zeit um ist, schreibe den angefangenen Gedanken fertig, und dann stopp!

Jetzt bist du dran, das *Freewriting* gleich auszuprobieren, indem du deine erste Schreibübung machst. Nimm eine Frage nach der anderen her und schreib die Antworten in dein Reisetagebuch. Lass dir Zeit dabei! Versuche keinen Geschwindigkeitsrekord beim Beantworten dieser Fragen zu brechen. Such dir ein ruhiges ungestörtes Plätzchen und schreib die Frage in dein Reisetagebuch und darunter die Antwort im *Freewriting*. Lass dich überraschen, was die Schreibübung alles zutage fördert. Denn genau dafür machst du sie. Beim Schreiben werden Ideen und Gedanken auftauchen, die beim nur darüber Nachdenken nicht entstehen. Viele der Schreibübungen in diesem Buch bestehen aus mehreren Fragen. Es kann sein, dass es zu viele Fragen aufeinmal sind. Dann teile die Fragen auf zwei oder drei Schreibeinheiten auf. Fragen, die dir anfangs unangenehm sind oder die du nicht gleich beantworten kannst, sind erfahrungsgemäß die besten Fragen – denn darüber müssen wir genauer nachdenken und innere Barrieren überwinden, bis wir zur Antwort kommen. Ich wünsche dir viel Spaß dabei!

Schreibübung

Was würde passieren?

Wie würde ich die Reise planen?

Welches Abenteuer würde ich antreten?

Wie sehen meine Bedürfnisse aus?

Was würde ich tun, wenn es nicht zu egoistisch wäre?

Was würde ich ausprobieren, wenn es nicht zu verrückt wäre?

Nimm dein Reisetagebuch zur Hand und schreibe mindestens 15 Minuten wie in den Freewriting-Regeln beschrieben!

Die Reiseroute festlegen

Wenn du Urlaub machen willst – wie entscheidest du wohin du fährst? Ob es dort irgendwelche Sehenswürdigkeiten gibt? Weil man dort gut ausspannen kann? Ob die Landschaft schön ist? Oder weil man dort dieses Jahr einfach hinfährt, weil es gerade angesagt ist?

Wenn du eine Reise planst, überlegst du vorher, was du dort machen willst, und wählst das Reiseziel entsprechend aus. Also überlege bitte auch bei deiner Heldinnenreise, was du während und am Ende der Reise machen willst. Wenn du schwimmen und in der Sonne liegen willst, ist eine Reise in die Alpen wahrscheinlich das falsche Reiseziel. Also was sind deine Ansprüche an das Reiseziel? Schwimmen gehen, Kulturangebot, Bergsteigen oder wilde Tiere beobachten?

Zu wissen, wohin die Reise gehen soll, ist ein entscheidender Punkt deiner Reisevorbereitung, denn er bedingt alle weiteren Schritte: Welche Transportmittel brauchst du, welche Kleidung, musst du dich für das Reiseziel impfen lassen?

Wo soll die Reise deines Lebens (oder zumindest dieses Lebensabschnitts) hingehen?

Schreibübung

Überlege, was du an deinem Reiseziel vorfinden willst:

Was willst du dort tun?

Wie soll es dort aussehen?

Wie fühlt es sich dort an?

Schreib alles auf, was für diese Reise wichtig ist. Manchmal kann es hilfreich sein, sich zu überlegen, was man gar nicht will. Der Gegensatz dessen kann das sein, was du willst, was dir wichtig ist. Keine Sorge, du musst dich noch nicht gleich festlegen, wohin die Reise gehen soll. Sieh diese Übung als erstes Brainstorming.

Kindheitsträume als Hinweis fürs Abenteuer

Du hast nach dieser Übung ein paar Ideen, wohin die Reise gehen könnte. Die Entscheidung, wohin es tatsächlich gehen soll, stellt manchmal eine große Hürde dar. Ich erlebe im Coaching immer wieder, dass Menschen nicht wissen, was sie eigentlich wollen. Oder sie wissen es, können aber im gleichen Atemzug hundert Gründe nennen, warum dieses Reiseziel nicht realistisch ist.

Barbara Sher hat diesem Thema ein ganzes Buch gewidmet mit dem treffenden Titel *Ich könnte alles tun, wenn ich nur wüsste, was ich will.*[5]

Es kann hilfreich sein, dich zusätzlich noch mit weiteren Fragen zu beschäftigen. Nimm erneut dein Reisetagebuch und beantworte die folgenden Fragen.

Schreibübung

Was war dein innigster Wunsch als Kind?

Was wolltest du unbedingt einmal machen?

Welchen Beruf wolltest du ausüben?

Wo wolltest du leben?

Wie wolltest du leben?

Krame in deinen Erinnerungen und suche nach diesen kindlichen Wünschen – vielleicht findest du dabei wichtige Hinweise, wo deine Reise hingehen soll. Wenn du einmal weißt, was du dir aus tiefstem Herzen wünschst – das ist dein Ruf des Abenteuers.

Lass all die Bedenken, warum der Wunsch unrealistisch ist, beiseite, wie schon angekündigt kümmern wir uns später um diese Zweifel. Bedanke dich bei den gut gemeinten Ratschlägen von Freund*innen oder Kolleg*innen was du mit deinem Leben machen solltest (auch auf diese Einflüsterer kommen wir später zurück). Wenn du all diese Dinge beiseite lässt: Was ist dein Reiseziel? Achte genau darauf: Ist es wirklich dein Ziel? Oder wollte dein Vater oder deine Großmutter diese Reise gerne machen und konnte sie aber aus irgendwelchen Gründen nicht antreten. Dann ist es das Reiseziel deines Vaters oder deiner Großmutter, aber nicht deines! Lass dir Zeit und denke in Ruhe darüber nach. Manchmal haben wir im Laufe unseres bisherigen Lebens dieses Reiseziel unter mehreren Schichten anderer (fremder?) Ziele und Vorgaben der Gesellschaft vergraben und es braucht einige Zeit, bis wir wieder darauf stoßen. Es kann auch Sinn machen, die vorherige Schreibübung ein zweites und drittes Mal zu machen und dabei jeweils ein oder zwei Tage Zeit vergehen zu lassen.

Ressourcen für die Reise schaffen

Wenn du weißt, wohin die Reise geht, sollten wir jetzt den nächsten Punkt vor dem Antritt der Reise klären: Welches Equipment brauchst du für dieses Vorhaben? Was musst du an Geräten und Bekleidung mitnehmen? Mache eine erste Liste der Gegenstände (oder Ausbildungen, Wissen), die du vermutlich während deiner Reise brauchen wirst.

Dann ist es noch wichtig festzulegen, wie lange die Reise dauern soll. Bei einer Urlaubsreise weißt du natürlich auch schon im Voraus, wie lange du wegfährst. Das kann bei deiner Heldinnenreise schwieriger festzulegen sein. Aber du kannst überlegen, bis wann du dein Ziel erreicht haben willst. Bis wann du alles über die Bühne gebracht hast. Wir werden uns später noch einmal genauer ansehen, wie du die Reise vor allem unter dem zeitlichen Aspekt am besten planen kannst.

Und dann kommt noch ein weiterer wichtiger Punkt, der für viele die wohl größte Hürde bei ihren Reisevorbereitungen und überhaupt bei ihrer Heldinnenreise darstellt – Geld. Wenn ich einmal reich wär ...

Wir alle kennen das Gefühl, wir würden alles in unserem Leben schaffen, hätten wir nur das notwendige Kleingeld dafür. Mit dem entsprechenden dicken Bankkonto wüssten wir sofort, was wir machen würden und welche Wünsche wir erfüllen könnten. Doch leider (oder Göttin sein Dank?) sind die wenigsten von uns mit so viel Geld gesegnet, dass sie sich keine Gedanken darüber machen müssen, wie sie sich ihre Wünsche erfüllen.

Geld ist nicht der Garant dafür, dass du deine Träume umsetzt. Aber es ist mit Abstand der am häufigsten genannte Grund, warum Menschen ihre Träume und Wünsche nicht umsetzen – weil sie meinen, ihnen fehlt das Geld dazu. Ich behaupte, das ist eine Ausrede. Okay, okay, steinige mich nicht gleich. Gib mir die Chance, dir zu zeigen, was ich meine.

Angenommen, dein Traum ist es zu segeln. Aber du machst nicht einmal den ersten Schritt in diese Richtung, weil Segeln teuer ist. Was aber macht das Segeln teuer? Das Schiff? Okay, ja ein großer Dreimaster kostet viel Geld – aber muss es gleich ein Dreimaster sein? Und musst du diesen auch gleich selbst kaufen? Nein, oder? Also – Segelschiffe kann man chartern. Und ein gechartertes Segelschiff, noch dazu, wenn du es vielleicht gemeinsam mit ein paar wirklich guten Freund*innen mietest, kostet auch nicht mehr als der Aufenthalt in einem Mittelklasse-Hotel. Wenn es dir darum geht zu segeln, dann mache einen Segelschein, der kostet nicht mehr als ein Schiurlaub. Denk bei der Umsetzung deiner Träume nicht an die Luxusausführung aus dem Hochglanzmagazin – die ist teuer, keine Frage. Überlege, was wirklich dein Abenteuer ist und wie du es kostengünstig erreichen kannst. Wenn es darum geht, den Wind im Haar zu spüren und das Knattern der Segel im Wind zu hören – dann kannst du das mit einem mittleren finanziellen Aufwand erreichen. Wenn es darum geht, auf einer großen Yacht in der Sonne zu liegen und sich von einem Stewart mit Drinks verwöhnen zu lassen und das Leben eines Luxusweibchens zu leben – das wird etwas teurer werden. Außer du angelst dir den entsprechenden Mann dazu oder verdienst selbst so viel Geld, dass du dir die Yacht kaufen kannst. Dann ist das dein Abenteuer.

Worauf ich hinaus möchte – schiebe deine Träume und dein Abenteuer nicht gleich zu Beginn zur Seite, weil du meinst, du hättest nicht das Geld dazu. Der finanzielle Aufwand ist meist kleiner als wir ursprünglich denken. Aber damit fällt eine einfache und gesellschaftlich akzeptierte Ausrede, weshalb wir unser Abenteuer nicht in Angriff nehmen, weg – die Ausrede „Ich kann es mir nicht leisten". Aber kannst du es dir leisten, unglücklich zu sein, weil du dir einen Herzenswunsch nicht erfüllst?

Den Ausgangspunkt bestimmen

Bevor du dich in dein Abenteuer stürzt, lass uns bei der ersten Station der Heldinnenreise innehalten – dem Status quo.

Um herauszufinden, wo du hinwillst, ist es gut zu wissen, von wo du startest. Ich lade dich daher zu einer weiteren Schreibübung ein.

Um also herauszufinden, von wo du deine Heldinnenreise startest, bitte ich dich, dir Zeit zu nehmen, um in Ruhe die folgenden Fragen zu beantworten:

Schreibübung

Wo stehe ich?

Was soll anders werden?

Was will ich nicht mehr in meinem Leben?

Was will ich zurücklassen?

Du weißt schon – für eine Reise kannst du nicht deinen ganzen Kleiderschrank einpacken, du musst etwas zurücklassen.

Es sind eine Menge Dinge, die du vor dem Start in deine Heldinnenreise zu bedenken hast. Darum hier nochmals eine kleine Checkliste der Fragen, die du klären solltest. Nimm dir Zeit, geh die Checkliste durch und schreibe dir die Antworten in dein Reisetagebuch.

Checkliste Reisevorbereitung

Wo soll die Reise hingehen?

Wie sieht es dort aus?

Was für ein Klima herrscht dort?

Was willst du mitnehmen? Was soll bleiben?

Was möchtest du zurücklassen?

Wie teuer wird die Reise tatsächlich?

Bist du bereit, Verantwortung zu übernehmen?

Was fürchtest du am meisten auf der Reise?

Was ist das Schlimmste, das auf der Reise passieren kann?

Was ist das Beste, das auf der Reise passieren kann?

Kapitel 2

Der Ruf des Abenteuers

Eine Klientin fragte mich: „Und was, wenn ich einen Traum verfolge, der nicht wahr wird? Wenn ich einem Hirngespinst nachlaufe? Mich in Träumerei verliere und Luftschlösser baue, die zerplatzen wie Seifenblasen?“

„Was ist schlecht am Träumen?“, erwiderte ich. Ihr blieb kurzfristig der Mund offenstehen – sie konnte es nicht fassen: War sie etwa an eine realitätsfremde Coachin geraten, die ihr erklärte, träumen sei okay? Aber Träumer haben doch ihr Leben nicht im Griff, schweben irgendwo in höheren Sphären und haben den Boden der Realität unter den Füßen verloren.

Wer hat eigentlich das Träumen so negativ besetzt? Warum dürfen nur Kinder träumen? Und warum holen wir selbst diese immer öfter aus ihren Gedanken mit den Worten „Träum nicht, sondern tu weiter“.

Wovon hast du als Kind geträumt? Balletttänzerin zu werden? Oder Tierärztin? Hast du davon geträumt, als Trapezkünstlerin mit einem Zirkus durch die Lande zu ziehen? Oder wolltest du als Sängerin die Mengen begeistern? Wir haben uns ja schon im ersten Kapitel mit deinen Kindheitsträumen beschäftigt.

Was wurde aus deinen Kindheitsträumen? Hast du sie verwirklicht? Zumindest teilweise?

Was treibt den Träumer an? Die Motivation, dass der Traum in Erfüllung geht. Was unterscheidet den Traum von der Vision? Nur der Name? Sind Träume von einem besseren Leben zulässig? Träume sind unser Motor, unsere Triebfeder.

Nimm mich zum Beispiel. Ich träumte davon, Schriftstellerin zu sein. Doch ab wann bin ich eigentlich Schriftstellerin? Ab dem Zeitpunkt, an dem mein Buch veröffentlicht wird? Oder bin ich erst ab der Buchpräsentation Schriftstellerin? Oder ab dem Zeitpunkt, ab dem ich die ersten Zeilen schreibe? Ich denke: Ich bin Schriftstellerin, wenn ich um drei Uhr morgens aufstehe, weil mir ein Satz auf der Seele brennt, der niedergeschrieben werden will. Wenn ich mich verschlafen in mein Arbeitszimmer schleppe und mein Notizbuch hole, um diesen Satz festzuhalten, damit er nicht verloren geht zwischen den Träumen. Weil es vielleicht genau dieser eine Satz ist, der die Menschen berührt und weiterbringt.

Ich bin Coachin und Trainerin, Ehefrau, Freundin und Hundemama. All das bin ich. Doch darüber, über allem, steht: Ich bin Schriftstellerin. Eine, die in Geschichten die Grenzen zwischen Realität und Fiktion aufhebt und etwas Neues schafft. Die eine neue Welt eröffnet, in der alles möglich ist. Und das kann ich nur, weil ich viele bin als Schriftstellerin.

Bin ich deshalb verrückt, weil ich so denke, so fühle? Nein. Nicht verrückt, aber leidenschaftlich. Und das macht den Unterschied. Weil ich zulasse, dass mich Sätze und Wörter, die geschrieben werden wollen, um drei Uhr früh aus dem Bett holen, haben diese Sätze eine Kraft, ja Wucht, mit der sie, so glaube ich, die Leser*innen treffen. Diese können, so hoffe ich, nicht unbeteiligt bleiben, weil sie die Leidenschaft spüren und von ihr ergriffen werden.

I have a dream!

Dass alle Menschen ihre Träume leben können und ihrer Bestimmung folgen können. Wie viel mehr Zufriedenheit wäre dann in der Welt!

Doch ich verstehe die Zweifel meiner Klientin nur zu gut. Sich mit seinen Träumen zu exponieren, braucht Mut. Soll ich mich in der nächsten Vorstellungsrunde als Schriftstellerin vorstellen? Gebe ich mich in meiner ganzen Dünnhäutigkeit den Fragen, die Messerstichen gleichkommen, preis? Was ich denn geschrieben habe? Wieviel ich damit verdient habe? Ob ich damit auf der Bestsellerliste war? Und ob man davon überhaupt leben kann? Ist man erst Schriftsteller, wenn man auf der Bestsellerliste steht und einen jeder kennt? Oder, wenn man sich dem Fluss der Wörter hingibt, die aus einem heraussprudeln, wie aus einer Gebirgsquelle. Träumen ist in unserer Leistungsgesellschaft leider in Verruf geraten.

Du fragst dich, was meine zu Beginn erwähnte Klientin für einen Traum hatte, von dem sie befürchtete, dass er zerplatzen könnte wie eine Seifenblase? Sie träumte davon als Journalistin zu arbeiten. Sie stand am Ende ihres Studiums und war verunsichert, ob sie das überhaupt schaffen würde. Sie hatte sich so ein starkes Idealbild von Journalist*innen aufgebaut, dass sie selbst diesem Bild nicht entsprechen konnte. Dabei hatte sie Publizistik studiert und brannte darauf zu recherchieren, Ungerechtigkeiten aufzuzeigen und Ereignisse objektiv darzustellen. Sie hatte Angst, nicht so gut wie ihre Vorbilder zu sein, nicht so gut schreiben zu können, nicht so eloquent zu sein. Wir haben lange daran gearbeitet, was für sie „gut genug" ist, um als Journalistin arbeiten zu können. Es ging nicht um die Richtigkeit ihres Traumes, sondern darum, das Idealbild zurechtzurücken.

So wie diese Klientin für sich herausfinden musste, ab wann sie Journalistin ist und so wie ich für mich darüber nachgedacht habe, ab wann ich

Schriftstellerin bin, so sollst du für dich darüber nachdenken: Ab wann bin ich Heldin? Ab wann bin ich ....?

In unseren Kindheitsträumen war es ganz einfach Tierärztin, Sängerin oder Tänzerin zu sein. Ab wann gibst du dir die Erlaubnis, die zu sein, die du vielleicht schon seit deiner Kindheit sein willst?

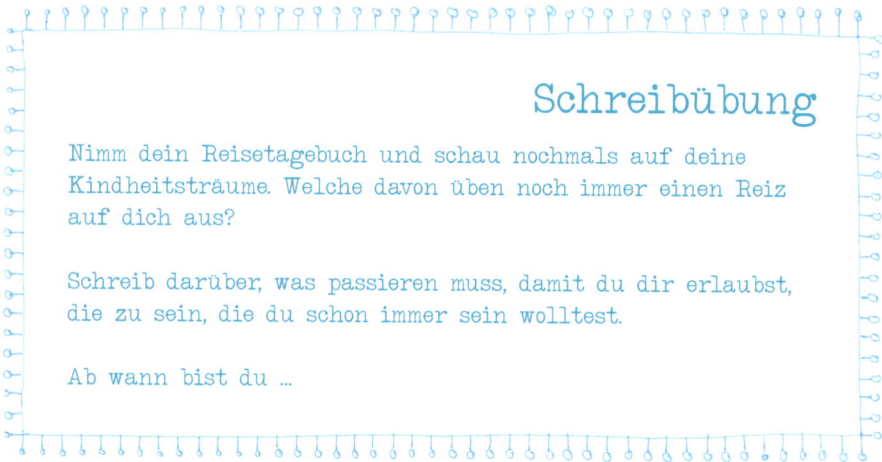

Schreibübung

Nimm dein Reisetagebuch und schau nochmals auf deine Kindheitsträume. Welche davon üben noch immer einen Reiz auf dich aus?

Schreib darüber, was passieren muss, damit du dir erlaubst, die zu sein, die du schon immer sein wolltest.

Ab wann bist du …

Den Ruf hören

Im ersten Kapitel des Buches hast du dir bewusst gemacht, von wo du deine Reise startest und dir auch schon die ersten Gedanken gemacht, was anders werden soll in deinem Leben. Nun geht es darum herauszufinden, was dein Ruf des Abenteuers ist.

Lass mich einige Beispiele bringen: Angenommen ein tief vergrabener Wunsch ist, ins Ausland zu gehen. Du willst in einem anderen Land leben und arbeiten. Die Kultur oder Landschaft, das Lebensgefühl des gewünschten Landes faszinieren dich. Aber bis jetzt hat dir der Mut gefehlt, die ersten Schritte zu wagen. Ins Ausland zu gehen, ist ein Abenteuer – du weißt nicht genau, was dich erwartet, du kannst nicht alles vorausplanen, und vielleicht ist es auch gefährlich. Doch all das zeichnet ein Abenteuer doch aus! Ein anderes Beispiel: Du hast eine Geschäftsidee – etwas, das es so am Markt noch nicht gibt. Etwas Ungewöhnliches, wie eine Boutique gemeinsam mit einer Parfümerie oder ein kreativer Raum, in dem Frauen gemeinsam handwerken lernen. Diese Idee in die Tat umzusetzen, ist abenteuerlich.

Sobald du aus den gewohnten Bahnen deines Lebens aussteigst und dich traust, etwas Neues zu probieren, begibst du dich ins Abenteuer. Manche Abenteuer sind größer, andere kleiner. Doch zugrunde liegt ihnen allen dasselbe – die Ungewissheit, wie es ausgeht. Es erfordert Mut, dieser Ungewissheit entgegen zu gehen ohne die Konsequenzen zu kennen. Das macht ein Abenteuer so aufregend: Du setzt etwas aufs Spiel, ohne zu wissen, ob du erfolgreich sein wirst. Für viele ist das der Grund, das Abenteuer nicht zu wagen, weil das Risiko des Scheiterns besteht. Ihnen ist der Einsatz, den sie aufs Spiel setzen, zu hoch und sie sind nicht bereit, den Preis zu zahlen. Sie bleiben lieber im warmen, sicheren, geheizten Zuhause – da wissen sie, was sie haben.

Kennst du den Spruch „Lieber den Spatz in der Hand, als die Taube auf dem Dach?" Das ist sicher nicht der Leitspruch der Abenteurerin – klingt eher nach dem Schwellenwächter, den wir uns später näher ansehen.

Dem Abenteuer liegt zugrunde, dass sich etwas verändert, dass du woanders lebst, etwas anderes arbeitest, mit anderen Menschen an deiner Seite. Das Abenteuer ist für jede ein anderes, die Herausforderungen sind unterschiedlich hoch. Für alle gleich jedoch ist, dass es Mut erfordert und eine Portion Selbstvertrauen, sich auf den Weg des Abenteuers zu machen.

Die Freiheit der Heldin

> Freiheit bedeutet zu wissen, wer man ist, was man
> auf dieser Welt tun sollte ... und es eben einfach zu tun. [6]
> Natalie Goldberg

Als ich diesen Satz las, wurde mir schlagartig klar, dass es das ist, worum es auch in der Heldinnenreise geht. Es geht darum, andere Wege einzuschlagen. Aus den gesellschaftlichen Normen auszusteigen, aus den Vorgaben wer oder wie du zu sein hast in den Augen der Menschen um dich herum. Heldinnen verlassen den vorgegebenen Weg und suchen ihren eigenen. Um deine Heldinnenreise antreten zu können, musst du wissen, wer du bist und was deine Aufgabe in dieser Welt ist. Und das dann auch tun. Denn das unterscheidet die Heldin vom Rest – dass sie den Mut hat, frei zu sein und ihrem Ruf des Abenteuers zu folgen.

Eine Klientin von mir schickte mir eine E-Mail, in der sie mir erklärte, sie hätte einen neuen Job. Sie hatte nach einer gemeinsamen Sitzung den alten Job gekündigt, da sie darin sehr unglücklich war. Ich war erstaunt, wie schnell sie einen neuen Job angenommen hatte – ich hatte das Gefühl, es war noch nicht das richtige. Dennoch gratulierte ich ihr, wünschte ihr alles Gute. Ich beendete meine E-Mail mit dem obigen Zitat von Natalie Goldberg. Weil es mich an diese Klientin erinnerte. Noch am selben Abend rief mich die Klientin weinend an. Meine E-Mail hatte sie berührt, auch, weil sie schon nach zwei Stunden in der neuen Firma, das Gefühl hatte, dass der Job nicht der richtige für sie war. Sie hatte den Job nur angenommen, um sich und den anderen zu beweisen, wie schnell sie einen anderen Job bekommen hat. Sie gab den Job am nächsten Tag in der Früh wieder auf und nahm sich Zeit herauszufinden, was sie auf dieser Welt tun wollte. Davor jedoch erzählte mir die Klientin, wie verstört eine Freundin reagiert hatte, dass sie den Job gleich wieder kündigen wollte. Diese Freundin meinte, dass Jobs nun mal nicht immer ein Honiglecken sind, und man da halt durch müsste. Das ist die weitverbreitete Einstellung: Mit Arbeit verdient frau Geld. Da kann man nicht davon ausgehen, dass es etwas ist, das einem Spaß macht oder gar interessiert.

Ich bin da anderer Meinung. Wir verbringen den größten Teil unserer wachen Zeit in der Arbeit. Da sollte es etwas sein, das du magst und das dir sinnvoll erscheint. Und da kommt wieder die Heldin ins Spiel. Wenn frau einen unliebsamen Job kündigt, um einen anderen Job, der sie erfüllt, auszuüben, vielleicht auch gegen die Widerstände anderer, ist sie Heldin. Wenn du dem üblichen Bild von Arbeit nicht entsprichst, sondern etwas tust, das dir Spaß macht, und dafür dann auch noch Geld bekommst: Dann bist du Heldin!

Natürlich kann es Umstände geben, die dich zwingen, einen Job ausschließlich des Geldes wegen auszuüben – keine Frage. Aber dann solltet du versuchen, diese Zeit so kurz wie möglich zu halten. Es wäre doch schade, wenn du eine lange Zeit mit einer Arbeit verbringst, die dich weder ausfüllt noch interessiert. Überlege dir, was für eine Aufgabe dich interessiert und suche dir einen Job, in dem du diese Aufgabe erfüllen kannst.

Denn das ist es, was wir mit dem Bild der Heldin assoziieren: Den eigenen Weg zu gehen, fernab der Trampelpfade der Gesellschaft.

Bühne oder Zuschauerraum?

> The question for me was: Am I going to go on stage,
> or am I going to stay in the rear mezzanine of life?
> Am I going to be in the light, in front of everybody, on the stage,
> or am I going to be – metaphorically – in the background
> of my own life, watching others perform.
> Henriette Anne Klauser [7]

Willst du ins Scheinwerferlicht oder bleibst du lieber im Dunkeln des Zuschauerraums sitzen und schaust anderen dabei zu, wie sie ihr Leben gestalten und meistern?

Ich treffe immer wieder auf Menschen, die auf einmal glänzende Augen bekommen, wenn ich ihnen erzähle, was ich mache. Die dann Aussagen treffen wie „jaaaa, wenn ich könnte, dann würde ich …“ oder „Eigentlich wollte ich schon immer, aber ….“ Das sind Aussagen von Menschen, die im Dunkeln des Zuschauerraums sitzen und den anderen auf der Bühne zusehen. Dabei würden sie selbst gerne auf der Bühne stehen. Und hier ist auf der Bühne stehen als Metapher zu verstehen – als Metapher dafür, sich zu trauen, das, was man wirklich gerne tun will, auch zu tun. Sich zu exponieren, für alle öffentlich die eigenen Wünsche zu leben – wie eine Schauspielerin auf der Bühne. Einige Menschen, die ich treffe, können ihren Lebenstraum benennen. Sie wären gerne Meeresbiologin geworden, konnten sich aber das Studium nicht leisten. Oder hätten gerne mit dem Motorrad eine Reise um die Welt gemacht. Oder wären gerne Malerin geworden, doch hatten zu wenig Vertrauen in das eigene Talent. Als einzige Künstlerin in einer Arbeiterfamilie war auch nicht die notwendige Unterstützung da, um das zeichnerische Talent weiterzuentwickeln. Diese unerfüllten Lebensträume hängen uns ein Leben lang nach. Immer wenn wir mit unserem Leben gerade unzufrieden sind und es uns über den Kopf zu wachsen droht, denken wir an unseren heimlichen Wunsch. Manche fühlen sogar, dass das noch nicht alles in ihrem Leben gewesen sein kann. Und dass da noch mehr auf sie warten würde. Wenn sie sich nur trauen würden. Und immer wieder der Gedanke – was wäre wenn? Wie würde mein Leben heute aussehen, wenn ich damals doch zu studieren begonnen, und mir nebenbei einen Job gesucht hätte, anstatt in dem ungeliebten, aber vom Vater vermittelten und vermutlich sicheren Job anzufangen. Wie wäre mein Leben dann verlaufen?

Wie wäre mein Leben verlaufen, wenn ich das Jobangebot in Sizilien angenommen hätte und tatsächlich ausgewandert wäre, um Orangen zu vermarkten? Wäre ich dann mit meinem Mann verheiratet? Hätte ich die Coachingausbildung gemacht? Hätte ich zu schreiben begonnen? Diese „Was wäre wenn"-Spielchen können ziemlich frustrierend sein. Denn es wird uns vielleicht bewusst, dass wir damals durchaus realistische Chancen hatten, es zu schaffen. Aber jetzt. Mit dem Alter, sollen wir uns nochmals auf das Risiko einlassen? Jetzt erscheint es uns noch schwerer als vor einigen Jahren. Die Chance ist vorbei, und mit den Kindern geht das ohnehin nicht.

Willst du ewig im Zuschauerraum sitzen bleiben? Was ist es, das du wirklich aus tiefstem Inneren willst? Was du sofort tun würdest, wenn du das notwendige Kleingeld hättest und nicht auf deine Familie und Freunde Rücksicht nehmen müsstest? Diesen Herzenswunsch nicht in unser Leben zu integrieren, bedeutet, einen wichtigen Teil deines Lebens zu ignorieren. Du wirst immer unzufrieden mit deinem Leben sein, wenn dieser wichtige Aspekt draußen bleiben muss. Weil du dich nie ganz fühlst. Du fühlst dich unzufrieden, weil du spürst, dass etwas in deinem Leben fehlt. Weil dieses „Was wäre wenn" sich immer wieder melden wird, und da du die Antwort nicht erfahren wirst, wird dieser Keim der Unzufriedenheit immer da sein. Wenn du dich ganz fühlen willst, dann versuche diese Lebensvision in dein Leben zu integrieren. Denn selbst, wenn du irgendwann draufkommst, dass es doch nicht das ist, was du wolltest. Dann hast Du es zumindest probiert. Und weißt endlich, dass es doch nicht das ist, was du wolltest. Aber dann weißt du auch, wie es ist, wenn du diesem Traum nachgehst. Und musst dir nicht mehr die Frage stellen: „Was wäre wenn?". Dann kannst du das Thema abhaken und musst dich nicht mehr damit auseinandersetzen. Das beruhigt ungemein und die Erleichterung ist groß.

Darum beschäftige dich mit deiner Lebensvision und mache den ersten Schritt in diese Richtung. Du wirst dich zufriedener und vollständiger fühlen. Wenn du endlich aus dem dunklen Zuschauerraum ins Scheinwerferlicht trittst – denn im Licht siehst du deutlicher!

Wo soll die Reise hingehen?

So, jetzt haben wir uns ausgiebig damit beschäftigt, welche Bedeutung das Abenteuer für dein Leben hat. Lass uns jetzt die ersten Ideen sammeln, was dein Ruf des Abenteuers sein kann.

Schreibübung

Notiere bitte 20 Dinge, die du magst.

Schreib eine Liste mit folgenden Punkten:

Was würde ich gerne erleben?

Wann habe ich dies das letzte Mal getan?

Machst du das lieber allein oder mit jemand gemeinsam?

Mit wem?

Der Ruf verschafft sich Gehör

Manchmal ereilt einen der Ruf zum Abenteuer gleich mehrmals. Er taucht immer wieder auf, drängt sich immer wieder in unser Bewusstsein und versucht, sich Gehör zu verschaffen.

So wie meine Freundin Ines: Eine berufstätige Mutter mit zwei Kindern, die froh ist, hin und wieder Zeit für sich zu finden; da passte diese Idee, einen Roman zu schreiben, nicht ins Konzept. Dafür fehlt ihr die Zeit, ist sie zu müde, und worüber sollte sie schon einen Roman schreiben? Und dann erzählte ich ihr von einem Schreibseminar, das ich besucht hatte, und wie toll es ist, den Ideen am Papier freien Lauf zu lassen. Da verschaffte sich eine längst vergessene, tief vergrabene Idee den Weg zurück in ihr Bewusstsein – da war doch im Alter von dreizehn Jahren die Idee für den Beginn eines Romans. Und diese Idee tauchte auf, machte sich breit. Doch zu Beginn versucht meine Freundin diese Idee wieder wegzudrängen – keine Zeit dazu, und wozu überhaupt? Außerdem ist auch so schon genug zu tun … Doch eine Woche später überließ eine Arbeitskollegin meiner Freundin eine Zeitschrift, in der sich wie durch Zufall, ein Artikel über *Kreatives Schreiben* befand– und wieder drängte die Romanidee ins Rampenlicht. Wieder wird die Idee zurück in den Schatten der Aufmerksamkeit geschickt und wartet dort auf ihre nächste Gelegenheit. Die kam, als meine Freundin einen Roman liest, der ein plattes Ende hat. „Gibt es denn keine spannenden Geschichten mehr?", jammerte sie mir am Telefon vor. Und da meldete sich die Idee wieder. Und so begann Ines den lange herumgetragenen Anfang ihrer Geschichte niederzuschreiben. Am Abend, wenn die Kinder schon im Bett waren und anstatt vor dem Fernseher zu sitzen, setzte sie sich vor den Computer und begann zu schreiben.

Wenn auch dir zu einem bestimmten Thema – wie meiner Freundin zum Schreiben – immer wieder Hinweise unterkommen, dann hör hin. Werde hellhörig, was es alles zu dem Thema gibt und nimm die Herausforderung zum Abenteuer an. Oft steckt dahinter eine Sehnsucht, die unser vernunftbegabter Verstand als nicht zulässig abtut. Tätigkeiten und Dinge, die uns vordergründig für unseren Beruf nichts bringen, werden hintangestellt. Doch sind es nicht genau diese Dinge, die das Leben bereichern, es erst so richtig lebenswert machen?

Ich konnte beobachten, wie meine Freundin ihren Alltag zwischen Beruf und Familie leichter und gelassener genommen hat, weil sie sich ihrem Ruf des Abenteuers stellte. Denn dieses Abenteuer hat ihr Leben so reich gemacht, dass sie den kleinen Unzulänglichkeiten des Lebens gelassener begegnete. Sie sah diese Alltagssorgen mit der Haltung: „Wenn es mir gelingt, einen Roman zu schreiben, dann schaffe ich auch das …" Sie ist insgesamt mutiger und selbstbewusster geworden, auch wenn es in ihrem Abenteuer Phasen gab, die nicht so toll waren.

Das Spannende daran: Meine Freundin erwartet sich nicht, dass der Roman veröffentlicht wird. Das ist vielleicht das nächste Abenteuer. Jetzt geht es ihr einmal darum, das Abenteuer, einen Roman zu schreiben, zu bestehen.

Kommen dir auch immer wieder Informationen zu einem gewissen Themenbereich unter? Verschafft sich ein bestimmtes Thema immer wieder Zugang zu deinem Bewusstsein? Themen, die mit deinem derzeitigen Beruf und Leben nichts oder nur am Rande zu tun haben? Und doch drängt sich dieses Thema immer wieder ins Rampenlicht deines Bewusstseins, um von dir gesehen zu werden. Entweder durch ein Buch, das dir von einer Freundin wärmstens empfohlen wird, durch einen Bericht im Fernsehen oder die Erzählung einer Arbeitskollegin.

Es scheint fast so, als ob sich irgendetwas gegen dich verschworen hat und du von diesem Thema verfolgt wirst. Anfangs kannst du damit vielleicht noch nichts anfangen. Doch all diese Hinweise haben ein Ziel: Da versucht sich ein Ruf des Abenteuers Gehör zu verschaffen.

> Tu also, was immer dich zum Leben erweckt.
> Folge allem, was dich fasziniert, folge deinen Besessenheiten
> und deinem inneren Drang. Vertraue ihnen. Schaffe, was
> auch immer dein Herz in Aufruhr versetzt.
> Der Rest findet sich ganz von selbst.
> Elizabeth Gilbert [8]

Schreibübung

Also überlege: Welche Themen trägst du schon seit Langem mit dir herum? Nimm wieder dein Reisetagebuch zur Hand und beantworte die folgenden Fragen:

Welche Ideen trägst du schon seit Längerem mit dir herum?

Welche Sehnsüchte stecken hinter diesen Ideen?

Wie haben sich diese Themen versucht, Gehör zu verschaffen?

Was könnte dir helfen, um nicht mehr wegzuhören?

Was könnte dein erster Schritt sein?

Wer/Was könnte dir helfen, dem Ruf zu folgen?

Wie kannst du dem folgen?

Schütze deine Ideen

Kennst du das? Du hast eine Idee, die noch nicht ausgereift ist. Wie ein frisch geschlüpftes Küken, unsicher auf den Beinen, tapst sie vorsichtig durch die Lande. So ist deine Idee – noch schwach und tapsig. Sie weiß noch nicht so recht, wo sie hin will oder soll, aber sie ist da, und du freust dich darüber, dass diese Idee da ist. Voller Stolz erzählst du von dieser noch tapsigen Idee einem Freund. Der äußert seine Bedenken, warum er glaubt, dass die Idee nicht funktionieren wird. Und da passiert es – diese Bedenken verunsichern dich so sehr, dass auch deine Überzeugung ins Schwanken gerät. Du lässt die Idee wieder fallen, sprich, du fütterst dein Küken erst gar nicht. Es stirbt.

Wie viele deiner Ideen sind auf diese Art schon gestorben? Vielleicht schockiert dich das Bild. Wenn du dich umschaust und all die verstorbenen Küken/Ideen um dich liegen siehst. Mag sein, dass einige von ihnen wirklich zu schwach waren und daher nicht lebensfähig. Aber wie viele hast du vorzeitig sterben lassen, weil ein gut gemeinter Rat oder die geäußerten Bedenken von außen dich haben zweifeln lassen. Interessanterweise gibt es in unserem Sprachgebrauch tatsächlich die Phrase: Die Idee ist gestorben.

Manchmal sind Ideen/Küken noch zu klein und zu schwach um gewichtige Argumente zu verkraften. Die Ideen werden lebensgefährlich verletzt. Doch wie früh setzt du deine Ideen der rauen Umwelt und Feinden aus? Haben diese tapsigen Gesellen es nicht verdient zu wachsen, größer und sicherer zu werden? Was ich damit sagen will: Gib deinen Ideen die Chance zu wachsen. Gib ihnen Zeit zu gedeihen und zu reifen und erzähle anderen nicht zu früh von ihnen. So wohlwollend diese Person auch sein mag, manchmal reicht schon ein Stirnrunzeln oder Kopfschütteln, um einer kleinen, frisch geschlüpften Idee den Todesstoß zu versetzen. Schütze diese kleinen zarten Wesen, behalte sie für dich, nähre und hege sie, schau ihnen beim Wachsen zu. Sprich erst über die Idee mit anderen, wenn sie schon kräftig genug ist, gut gemeinte Ratschläge abzuwehren. Natürlich kann es sein, dass ein Einfall trotzdem stirbt, aber dann hatte er eine Chance, zu beweisen, ob er es wert ist. Und vielleicht hast du durch diese Idee etwas erkannt oder kennen gelernt, das dir bei einer anderen Idee hilfreich ist. Manchmal geben wir Vorhaben auch auf, weil sie eben noch nicht ausgereift waren. Aber ein Teil dieses Einfalls kommt dann in einer anderen Idee vor. Und wenn diese dann auch verwirklicht wird und den Ideenstatus bis hin zur Umsetzung überlebt, hat die aufgegebene Idee einen Sinn erfüllt. Frage daher nicht andere, ob deine Idee gut ist, und wundere dich dann, wenn deine Idee angezweifelt wird. Denn dadurch machst du dich vom Urteil anderer abhängig. Wenn du deine eigene Entscheidung als richtig annimmst und dafür nicht die Bestätigung einer anderen Person brauchst, handelst du selbstbestimmt statt fremdbestimmt. Du selbst bestimmst, ob deine Idee gut und richtig ist.

Der ideale Tag

Auf den letzten Seiten habe ich dir näher gebracht was dein Abenteuer sein kann. Welches sollst du nun tatsächlich antreten?

Lege dein Reisetagebuch und deinen Lieblingsstift zurecht. Denn du wirst dir nun deinen Ruf des Abenteuers *er*schreiben.

Ich lade dich ein, dir deinen idealen Tag vorzustellen. Vergiss für einen Augenblick alle Begrenzungen – tu so, als ob es für dich keine finanziellen, familiären oder räumlich-örtlichen Begrenzungen gebe. Wenn du dir darüber keine Sorgen machen musst, wie würde dann dein idealer Tag aussehen?

Bitte beschreibe deinen idealen Tag so detailliert und farbenfroh wie möglich. Und zwar so, als würdest du ihn gerade erleben. Also nicht „Ich würde erst um zehn Uhr aufstehen", sondern „Ich stehe erst um zehn Uhr auf. Das Frühstück steht schon neben meinem Bett bereit, XY hat es für mich zubereitet".

Male dir deinen idealen Tag aus und vergiss die furchtbaren Worte „Sei realistisch" bei dieser Übung.

Schreibübung

Dein idealer Tag:

Was tust du?

Wie sieht deine Umgebung aus?

Welche Menschen sind rund um dich?

Welche Kleidung trägst du?

Hattest Du einen glücklichen Tag? Bist du so richtig satt und zufrieden mit dem Bild deines idealen Lebens? Wunderbar! Gratulation!

Dieser ideale Tag wird wichtige Hinweise für dein Abenteuer liefern, mit denen wir später weiterarbeiten können. Also: Was erlebst du an deinem idealen Tag. Du bist damit deinem Ruf des Abenteuers einen entscheidenden Schritt nähergekommen. Lies deine Notizen nochmals durch und lege dir eine Tabelle an, wie sie weiter unten skizziert ist.

Was, wo und wer von deinem idealen Tag ist für dich unverzichtbar um glücklich zu sein? Was ist wünschenswert, aber nicht absolut notwendig, und was von deinem Tag ist Schnörkel? Nett zu haben, aber nicht unbedingt notwendig.

	Was?	Wo?	Wer?
unverzichtbar			
wünschenswert			
Schnörkel			

Wirf nun einen prüfenden Blick auf die unverzichtbaren Dinge. Was davon findet sich vielleicht schon in deinem Leben? Das eine oder andere? Vieles? Nichts? Die Differenz zwischen dem, was für dich unverzichtbar ist, um glücklich zu sein, und dem, was du schon hast, ist dein Ruf des Abenteuers. Das sind jene Dinge/Menschen, die du so schnell wie möglich in dein Leben holen solltest, um glücklich zu sein. Und das mag bei einigen leicht gehen, mit einem kurzen Weg der Hindernisse. Bei anderen wird es ein langer Weg.

Wie erkennst du den Ruf?

Immer wieder fragen mich Frauen „Wie kann ich sicher sein, dass das mein Ruf des Abenteuers ist?" Nun, hundertprozentig sicher können wir uns nie sein – da steht uns unser Streben nach Perfektion im Weg. Aber es gibt einige Anhaltspunkte, um sich klar zu werden. Wie schwer würde es dir fallen, dich gegen diesen Ruf des Abenteuers zu entscheiden? Was würdest du in deinem Leben aufgeben oder vermissen, wenn du dich gegen dieses Thema entscheidest? Und was könntest du dann nicht mehr tun? Sich zu entscheiden, bedeutet gleichzeitig, die ausgeschlagenen Alternativen abzuwählen. Da wir uns meist zwischen zwei Dingen entscheiden müssen, die wir als konträr empfinden, bedeutet, sich für das eine zu entscheiden, immer auch sich vom anderen zu verabschieden. Und ich behaupte, das ist es, was uns so schwerfällt. Wir haben Angst, dass das, wogegen ich mich entscheide, vielleicht das Bessere gewesen wäre. Wir sind so stark auf den maximalen Vorteil ausgerichtet, dass wir ganz übersehen, ob das „Bessere" auch wirklich das Bessere für uns ist. Nur weil die abgewählte Möglichkeit vielleicht größere Chancen bietet, mehr Geld bringt oder ähnliches – heißt das automatisch, dass es auch die bessere Möglichkeit für dich bedeutet? Wir sollten bei unseren Entscheidungen nicht danach schielen, was das maximale Ergebnis nach dem Maßstab der Gesellschaft bringt. Sondern was für uns die passende Lösung ist – nach dem Motto „Ist es gut genug für mich?". Miss die zur Wahl stehenden Möglichkeiten nach deinen eigenen Maßstäben, wie auch immer die lauten. Nur weil die gesellschaftlich anerkannte Messlatte noch mehr Geld, noch größeres Haus, noch größeres Auto etc. lautet, heißt das noch lange nicht, dass es das ist, was dich glücklich macht.

Wenn die Vorstellung statt sechzig Stunden in der Woche mit hohem Gehalt nur dreißig Stunden bei geringerer Bezahlung dich glücklich macht, weil du dann die Zeit hast für deine Leidenschaft – dann tu das bitte. Brauchst du das Haus mit fünf Schlafzimmern, um glücklich zu sein? Oder reicht auch ein kleines Haus?

Worauf ich hinaus will – wenn du genau hinhörst, was es wirklich ist, was du willst, kann es vorkommen, dass deine Wünsche nichts mit dem „Schneller, höher, besser" der heutigen Gesellschaft zu tun haben. Wenn du überlegst, was dein Ruf des Abenteuers ist und vor der Entscheidung stehst, ob du dem Ruf folgen sollst oder nicht – triff die Entscheidung nach dem Kriterium „Ist es gut genug für mich?" und nicht danach, ob es in den Augen der anderen eine Verbesserung deines Lebens darstellt.

Barbara Sher schreibt in ihrem Buch *Ich könnte alles tun, wenn ich nur wüsste, was ich will* [9]: „Ein richtiges Abenteuer lässt das Herz schneller schlagen, es öffnet unseren Geist und bringt uns außer Atem".

Du wirst ganz aufgeregt und voller Vorfreude sein, und mit einem Mal weißt du: Das ist es – mein Abenteuer. Dieses Wissen erfasst den ganzen Körper, dein Denken. Es ist so, als ob alle Zellen deines Körpers, wie die Zuschauer eines Fußballspiels gleichzeitig bei einem Tor aufspringen und jubeln.

So sensationell die Reaktion unseres Körpers, unseres Geistes und unserer Seele ist, wenn sie „wissen", dass du auf deinen Ruf des Abenteuers gestoßen bist, so unspektakulär kann das Abenteuer sein.

Was auch immer es ist, das dein Herz schneller schlagen und deine Zellen vor Freude jubeln lässt – höre hin und gehe den begonnenen Weg. Schritt für Schritt. Denn eines ist sicher – es wird dein Leben verändern, deinen Horizont erweitern und du wirst dich lebendig und aktiv fühlen.

Unfreiwillig zum Abenteuer

Manchmal ist es jedoch so, dass wir uns unseren Ruf des Abenteuers nicht aussuchen – sondern dazu gerufen werden. Wenn von außen ein Angebot kommt, das du nicht erwartet hast. Oder aber auch eine Krise, die du bewältigen musst. In meinen Vorträgen und Seminaren kommt an dieser Stelle dann häufig das Beispiel der Scheidung. Wenn dein Partner/Ehemann die Ehe nicht mehr weiterführen will und du diese Entscheidung nur noch hinnehmen kannst. Weil alle Versuche deinerseits, die Ehe doch noch zu retten, fehlgeschlagen sind. Oder weil du einfach erkannt hast, dass es da nichts mehr zu retten gibt. Dann stolperst du unfreiwillig ins Abenteuer – nämlich die Herausforderung, dein Leben neu zu ordnen, neu zu gestalten.

Das kann bei einer neuen Wohnung beginnen, über einen neuen Freundeskreis gehen, den es aufzubauen gilt, oder auch die ganz einfachen Dinge betreffen, wie sich einen neuen Tagesablauf zurechtzulegen. Ein Neuanfang, sei es nach einer Trennung oder die Neuorientierung nach einer Kündigung, ist immer ein Abenteuer. Nimm dir nach so einer schmerzlichen Erfahrung, soweit es geht, Zeit, um deine Wunden heilen zu lassen. Aber verharre nicht zu lange in dieser Phase – dein Leben ist zu kurz, um es mit wochenlangem Trübsalblasen zu verbringen. Sieh diesen Neuanfang als deinen Ruf des Abenteuers. Unfreiwillig zwar, aber für die nächste Zeit einmal dein Abenteuer. Und gerade so ein Neuanfang birgt trotz aller Unfreiwilligkeit große Chancen. Wenn du schon dazu gezwungen wirst, alles auf den Kopf zu stellen, dann nutze die Gelegenheit, die Dinge so zu gestalten, wie du das willst. Wenn du schon neu anfängst – was soll in Zukunft nicht mehr sein? Was willst du zurücklassen? Und was willst du auf alle Fälle?

Nur weil du unfreiwillig ins Abenteuer gestoßen wirst, heißt es noch lange nicht, dass du keinen Gestaltungsspielraum hast. Du musst ihn dir nur nehmen! Also hör auf über verschüttete Milch zu jammern, dadurch wandert sie auch nicht zurück in das Milchpackerl. Sondern schau wie du das Beste für dich aus dieser Situation machen kannst.

Befürchtungen tauchen auf

Schaue dir nochmals deine Notizen zum Ruf des Abenteuers an. Hast du bereits in schillernden Farben beschrieben, was du alles erleben wirst? Oder bist du schaumgebremst oder gar frustriert, weil dir hundert oder zumindest dutzend Dinge eingefallen sind, warum das Abenteuer scheitern könnte. Sind Befürchtungen aufgetaucht, weshalb das nicht klappen wird?

Diese Zweifel und Befürchtungen vor dem Antritt der Heldinnenreise sind völlig normal. Sie sind, neben den Schwellenwächtern, die häufigsten

Gründe weshalb die Heldinnenreise gar nicht angetreten wird.

Ist es bei dir auch so?

Du hast eine tolle Idee oder der Ruf des Abenteuers erreicht dich, du beginnst mit dem Gedanken zu spielen – und augenblicklich poppen sie auf: Ängste, Befürchtungen, Zweifel, weshalb die Idee doch nicht so gut oder der Ruf des Abenteuers unrealistisch ist. Und sobald diese negativen Gedanken da sind, glauben wir ihnen – wir glauben ihnen sogar mehr als allen positiven, die wir vielleicht schon vorher hatten. Diese negativen Gedanken sind so mächtig, dass sie das ganze Unterfangen sofort wieder zunichte machen. Doch woher wissen wir, dass diese Zweifel wirklich begründet sind? Ob sie wirklich zutreffen? Weshalb sollen diese Befürchtungen richtiger sein als die Idee selbst?

Robert Middleton[10] bringt es auf den Punkt:
Look at the consequences of holding on to negative intentions.
Look at all the damage it is doing.
Look at what it's costing you.
Look at how it's making you treat yourself and others.
Look at what it's preventing you from accomplishing.
Look at how much time and human energy it's wasting.

Was kostet es dich, deinen Befürchtungen nachzugeben? Wie viel Zeit hast du schon damit verbracht, dir vorzustellen, was alles schieflaufen wird? Darf ich raten? Mehr Zeit als du aufgebracht hast, dir vorzustellen, was alles funktionieren wird.

Ich höre schon das Raunen – nein, ich will dich jetzt nicht dazu bekehren, alles durch die rosarote Brille mit hoffnungsfrohem, kritiklosem Optimismus zu sehen. Sich vor dem Antritt der Reise zu überlegen, wo Schwierigkeiten auftreten können, um sich dafür zu wappnen – ist eine Sache, die vernünftig ist. Doch die andere Sache ist, die Reise abzusagen bzw. gar nicht anzutreten, weil Schwierigkeiten auftreten könnten.

Verstehst du den Unterschied?

Es ist deine Entscheidung, wieviel Macht du deinen Zweifeln und Befürchtungen gibst. Nimmst du diese als wichtiger und begründeter an, als die positiven Aspekte der Reise? Oder sagst du dir – ok, ja es wird auch Schwierigkeiten auf der Reise geben, mit denen kann ich irgendwie umgehen, aber ich trete die Reise auf alle Fälle an.

Lass uns das anhand eines Beispiels konkret durchgehen: Angenommen, du überlegst, eine Weiterbildung zu machen. Als Zweifel könnten auftauchen, dass die Ausbildung viel Geld kostet, du nicht weißt, ob die Ausbildung das Geld wert ist. Dass du Zeit investieren musst und du nicht weißt, wo du diese hernehmen sollst. Dann solltest du dich fragen: Was erwarte ich mir vom Abschluss der Ausbildung? Was wird am Ende der Ausbildung anders sein? Wer oder was könnte mir helfen herauszufinden, ob die Ausbildung das Geld wert ist? Was kann mir helfen, die Zeit für die Ausbildung aufzubringen?

Was ich damit sagen will: Nimm die Zweifel, die auftauchen nicht als der Weisheit letzter Schluss. Sondern überlege, wie du damit umgehen kannst. Was brauchst du, um die Idee trotzdem weiterzuverfolgen? Betrachte die Befürchtungen und Zweifel als Hindernisse in deinem Hürdenlauf zur Idee, die du überwinden kannst.

Manchmal kommt man aber auch drauf, dass die Zweifel berechtigt sind.

Die Hürden zu groß sind, um darüber zu kommen. Verwirf deshalb nicht die ganze Idee! Suche einen anderen Weg, um ans Ziel zu kommen. Wenn du nicht laufen kannst – kannst du hinschwimmen oder fliegen? Vielleicht ist es auch notwendig, die Idee ein wenig zu verändern, sodass sie im Kern dieselbe ist, aber ein wenig anders durchgeführt wird – und dann fallen einige Hürden weg.

Woher kommen unsere Zweifel oder: Angezüchtete Zweifel

In meiner Coachingausbildung erzählte unsere Ausbildnerin uns immer wieder Geschichten und Metaphern. Eine davon ist mir besonders im Gedächtnis geblieben und ich versuche sie hier in meinen Worten wiederzugeben:

Ein kleines Mädchen ging gerne in den Zirkus. So oft wie möglich, überredete sie ihre Eltern mit ihr zu dem Wanderzirkus zu gehen, der gerade in der Stadt war. Die Tiere hatten es dem Mädchen besonders angetan, denn sie liebte Tiere über alles. Der Zirkus, der diesmal in der Stadt war, versprach eine besondere Attraktion – es war ein Elefant dabei. Mit strahlenden Augen saß das Mädchen in der Vorstellung und bewunderte die hübsche junge Frau, die elegant auf dem Tier ritt. Das Mädchen war beeindruckt von der Größe des Elefanten und wollte ihn nach der Vorstellung unbedingt aus der Nähe sehen. Sie bettelte so lange, bis ihr Vater mit ihr hinter das große Zirkuszelt ging, wo die Wohnwägen und Gehege der Tiere aufgebaut waren. An der Hand ihres Vaters stand das Mädchen vor einer kleinen Absperrung, die rund um den Elefanten gebaut war. Der Zaun war kaum höher als das Mädchen und der Elefant hing an einer schweren Kette, die an einem Pfahl in der Mitte der Abzäunung eingeschlagen war. Langsam kaute der Elefant an Ästen, die man ihm hingeworfen hatte. „Papa, wie kommt es, dass der Elefant nur an einem Pfahl angebunden ist? Er ist doch so groß und stark und könnte diesen Pfahl leicht ausreißen und davon laufen." Der Vater nickte traurig. „Ja mein Schatz, da hast du Recht. Aber der Elefant weiß nicht, wie stark er wirklich ist. Als er noch ganz klein war, wurde er auch schon mit der schweren Kette an einen Baum gebunden. Damals hat er versucht sich loszureißen, war aber noch zu schwach. Er hat das viele Tage lang immer wieder probiert, doch er ist immer wieder gescheitert. Irgendwann hat er akzeptiert, dass er sich nicht losreißen kann. Als er älter und größer und kräftiger wurde, hat er nicht mehr probiert, sich von den Ketten und dem Baum loszureißen. Er hat gelernt, dass er machtlos ist und darum versucht er nie mehr, sich loszureißen." Das Mädchen sah den Elefanten an und Tränen kullerten ihr über die Wangen. Auf einmal tat ihr der große Elefant furchtbar leid, weil er nicht sah und wusste, wie stark er eigentlich war.

Lässt du dich von deinem Abenteuer abhalten, weil du auch an einer alten Fußfessel aus deiner Kindheit hängst?

Nimm dein Reisetagebuch und nutze die folgenden Fragen wieder, um dir schreibend Klarheit zu verschaffen.

Schreibübung

Was ist deine Idee/ dein Ruf des Abenteuers?

Wie lauten deine Befürchtungen/Zweifel?

Sind diese tatsächlich wahr?

Was geht in dir vor bei diesen Zweifeln?

Wer wärst du ohne diese Zweifel?

Wie kannst du die Fussfessel der Zweifel sprengen?

Umgang mit Zweifeln

„Frauen wollen die Angst nicht erleben, die zum Wachstumsprozess gehört" schreibt Colette Dowling[11]. Angst und Zweifel sind jene zwei eng zusammengehörenden Hindernisse, die so häufig Frauen davon abhalten, ihrem Ruf des Abenteuers zu folgen.

Immer wenn wir etwas Neues beginnen, etwas das erste Mal tun, schwingt Angst mit. Manchmal mehr, manchmal weniger. Aber dabei ist sie immer. Angst hat eine wichtige Funktion, sie soll uns vor Gefahrensituationen schützen, sie macht uns vorsichtig. Die Angst lässt uns die Knoten und Haken im Seil vor dem Bungee Sprung nochmals überprüfen. Das ist eine gute Sache. Was jedoch nicht passieren soll, ist, dass wir vor lauter Angst wie gelähmt in der Ecke sitzen und gar nichts mehr tun.

Aber was genau macht uns Angst?

Kannst du dich an deine erste Fahrstunde erinnern? Sich die Reihenfolge zu merken, in der die Pedale zu treten sind, wie ein Gang eingelegt wird, dann auch noch blinken und darauf achten, nicht in das nächste Auto reinzukrachen. Ich hatte unglaubliche Angst – und fühlte mich überfordert. Wusste nicht, wie ich mir das alles merken sollte.

Das ist Angst – nicht zu wissen, was auf einen zukommt, sich überfordert fühlen, nicht zu wissen, ob man genug weiß oder kann für das, was da auf einen zukommt. Das Gefühl, nicht gut genug zu sein. Doch wenn ich es nicht ausprobiere, werde ich es nicht wissen. Ich denke, das ist gemeint mit der Aussage von Colette Dowling – etwas Neues zu wagen, etwas dazuzulernen ist ein Wachstumsprozess. Einer, in dem wir uns eigentlich ständig befinden, wenn wir unser Leben nicht dem Stillstand und dem Verhindern von Veränderung gewidmet haben. Eigentlich sind wir ständig gefordert, mit Veränderungen umzugehen, etwas Neues zu lernen. Und immer steht dahinter die Ungewissheit, wie es weitergeht, weil wir nun mal nicht in die Zukunft schauen können. Wenn wir aus Angst vor jeder dieser kleinen Veränderungen wie paralysiert in der Ecke sitzen bleiben, kommt unser Leben zum Stillstand.

Und so wie du bei den kleinen alltäglichen Anforderungen etwas Neues zu lernen, deine Angst überwindest und es einfach tust, oder zumindest ausprobierst, so sollten wir auch die Angst vor den Konsequenzen unseres Rufes des Abenteuers überwinden.

> Wir sind Opfer unseres eigenen internalisierten Perfektionisten,
> eines widerlichen, ewigen, inneren Kritikers, des Zensors,
> der in unserer linken Gehirnhälfte sitzt und einen ständigen Strom
> untergründiger Bemerkungen aufrechterhält,
> die oft als Wahrheit getarnt ist.
> Julia Cameron [12]

Das Problem ist, dass wir zu selten hinterfragen, ob das, was wir denken oder glauben, auch wirklich wahr ist. Wir sitzen dem Irrglauben auf, dass alles, was in unserem Hirn vorgeht, zu einhundert Prozent der Wahrheit entspricht. Doch leider, oder Göttin sei Dank, stimmt das nicht.

Dazu kommt, dass wir, je älter wir werden, immer wieder Rückschläge und Niederlagen einstecken müssen. Um uns selbst vor weiteren Rückschlägen zu schützen, entwickeln wir Zweifel, die uns davon abhalten, neue „Dummheiten" zu begehen. Schade eigentlich, dass wir uns von Rückschlägen so beeindrucken lassen und ihnen die Macht geben, uns von weiteren Vorhaben abzuhalten.

Sinnvoller wäre es doch vielmehr, aus diesen Erfahrungen zu lernen und dieses Wissen für einen weiteren Anlauf zu nutzen.

Woher Zweifel kommen

Einer der Gründe, warum Zweifel auftauchen, ist, dass wir befürchten, Fehler oder negative Erfahrungen aus der Vergangenheit zu wiederholen. Du warst vielleicht schon mal in einer ähnlichen Situation und willst dir die schmerzvolle Erfahrung des Scheiterns ersparen. Es macht auch durchaus Sinn, gewisse Erfahrungen nur einmal zu machen. So lernen wir ja auch. Meine Großmutter meinte in meiner Kindheit: Lass sie einmal auf die heiße Herdplatte greifen und sie wird es nie wieder tun! Meine Mutter wollte mir diese schmerzhafte Erfahrung ersparen, doch natürlich griff ich immer wieder Richtung heiße Herdplatte. Bis ich mich einmal leicht verbrannte. Danach griff ich nie wieder in Richtung heiße Herdplatte.

Aber es ist nicht in allen Bereichen sinnvoll, sich von den Erfahrungen aus der Vergangenheit davon abhalten zu lassen, etwas zu tun.

Nur weil früher etwas schief gegangen ist, heißt es nicht, dass es auch jetzt so sein muss. Vielmehr macht es Sinn, sich anzusehen, was genau in der Vergangenheit nicht geklappt hat und daraus für die Zukunft zu lernen.

Schreibübung

Welche Erfahrungen aus der Vergangenheit halten dich jetzt vom Abenteuer ab?

Wofür hättest du dir damals Anerkennung gewünscht?

Wie würdest du heute denken/agieren, wenn du diese Erfahrung nicht gemacht hättest?

Was ist das Positive an dieser Erfahrung und wie kannst du das jetzt für dein Abenteuer nutzen?

Was bedauerst du an dieser Erfahrung? Inwieweit kann dich dieses Bedauern auf eine zukünftige Chance hinweisen?

Regret is a powerful indicator of future opportunity.
Instead of seeing our regrets as working against the chance
to grow and improve, we can see them as actually pointing the way
towards the growth and improvement we most desire.
Michael Hyatt [13]

Das richtige Mindset

Wir haben uns in diesem Buch schon einmal mit dem richtigen Mindset beschäftigt. Doch während des Weges der Hindernisse, ist es umso wichtiger, sich mit dem eigenen Mindset zu beschäftigen, damit du in dieser Phase deiner Reise nicht frühzeitig aufgibst.

Die Forschung hat mittlerweile bewiesen, dass unser Gehirn nicht unterscheiden kann zwischen Ereignissen im Außen und was wir nur denken, das passiert. Daher beeinflusst auch unser Denken so stark den Ausgang der Ereignisse. Du hast vielleicht schon den Begriff der „sich selbst erfüllenden Prophezeiung" gehört. Diese passiert aufgrund der Tatsache, wie unser Gehirn funktioniert. Wenn ich der Meinung bin, mein Abenteuer wird nicht gut ausgehen, werde ich unbewusst die falschen Entscheidungen treffen und damit einen positiven Ausgang verhindern. Ich sabotiere mich also selbst. Wenn ich jedoch davon ausgehe, dass ich mein Abenteuer schaffen werde und es großartig wird, dann werde ich unbewusst alles daransetzen, dass es gut ausgeht.

Darum ist deine Einstellung zu deinem Abenteuer, und was du über deinen Erfolg oder Misserfolg denkst, so entscheidend für den Ausgang.

> We believe negative rumors more than positive ones.
> Danny Gregory[14]

Negative Schlagzeilen verkaufen sich besser – das ist eine alte Wahrheit in der Presse. Wir Menschen sind mit unserer Sensationsgier mehr am Drama und der Zerstörung interessiert. Für unser Abenteuer ist diese Fixierung auf unser Scheitern aber geradezu tödlich.

Denn wenn wir nur den negativen Stimmen in unserem Kopf glauben, die uns einreden wollen, wir sind zu dumm, unerfahren, ungeschickt, zu arm etc., um unser Abenteuer zu bestehen, dann bringen wir nicht den Mut auf, unsere Reise anzutreten.

Wir sollten daher an unseren Erfolg glauben und uns auf die Möglichkeiten, die sich uns bieten, konzentrieren. Du wirst die Reise positiv bewältigen, wenn du an deinen Erfolg glaubst!

Wie uns Glaubenssätze von unserem Abenteuer abhalten

Glaubenssätze sind Annahmen, die sich aufgrund von Erlebnissen in uns festigen, oder die wir von anderen übernommen haben. Also zum Beispiel mein Glaubenssatz „Ich kann nicht zeichnen", weil mir meine Zeichenlehrerin in der Schule gesagt hat, ich hätte kein Talent zum Zeichnen und darf daher nicht bei ihr maturieren.

Glaubenssätze sind nicht per se schlecht. Blöd wird es nur, wenn sie uns daran hindern, etwas Neues ausprobieren. Dabei ist es leider egal, ob wir sie selbst entwickelt haben oder ob wir diese übernommen haben.

Lass mich das an einem Beispiel zeigen: Mein Vater hegt tiefe Abneigung gegen Journalisten. Er war und ist der tiefen Überzeugung, dass Redakteure nichtsnutzige Schmierfinken sind, die die Wahrheit verdrehen. Keine Ahnung, woher diese Meinung kommt, aber er hat sie in meiner Kindheit immer wieder lauthals ausgesprochen. Umso geschockter war er, dass ich Schriftstellerin oder Journalistin werden wollte. „Vom Schreiben kann man nicht leben", habe ich immer wieder gehört und jahrelang auch geglaubt. Ich denke, indirekt hat er damit auch verhindert, dass ich Publizistik studiert habe und dafür gesorgt, dass ich „etwas Gescheites" lerne – nämlich Buchhandel. Erst viele Jahre später, nach mehr oder weniger glücklichen Berufsjahren im Marketing, kam ich zufällig ins *writers'studio*, ein Seminarzentrum in Wien, und begann dort wieder zu schreiben (nachdem ich als Kind schon Geschichten und Gedichte geschrieben hatte). Im Zuge meiner

Schreibtrainerinnenausbildung legte ich den Glaubenssatz „Vom Schreiben kann man nicht leben" ab. Dadurch wurde meine weitere Karriere als Schreibtrainerin und Autorin erst möglich.

> Our beliefs create a lens through which we see the world.
> Michael Hyatt [15]

Jetzt bist *du* dran: Lass uns herausfinden, welche Glaubenssätze dich heute prägen und ob alle noch immer hilfreich sind. Denn manche Überzeugungen verlieren im Laufe unseres Lebens an Richtigkeit, doch wir übersehen das, weil wir sie nie hinterfragen.

Das wollen wir jetzt ändern mit der folgenden Schreibübung. Auch diese Übungen kannst du wieder auf mehrere Schreibeinheiten aufteilen, um deinen Glaubenssätzen auf die Schliche zu kommen.

Schreibübung

Welche Glaubenssätze habe ich? Zum Beispiel:
„Zuerst die Arbeit, dann das Vergnügen",
„Alle Männer sind Schweine",
„Ich kenne mich mit technischen Dingen nicht aus", etc.

Welche davon haben mich bisher davon abgehalten, meine Heldinnenreise anzutreten?

Kann ich mir sicher sein, dass diese Glaubenssätze der Wahrheit entsprechen? Sammle Beweise dafür, dass diese Glaubenssätze vielleicht doch nicht stimmen.

Was wäre alles möglich, wenn sich meine Zweifel in Luft auflösen?

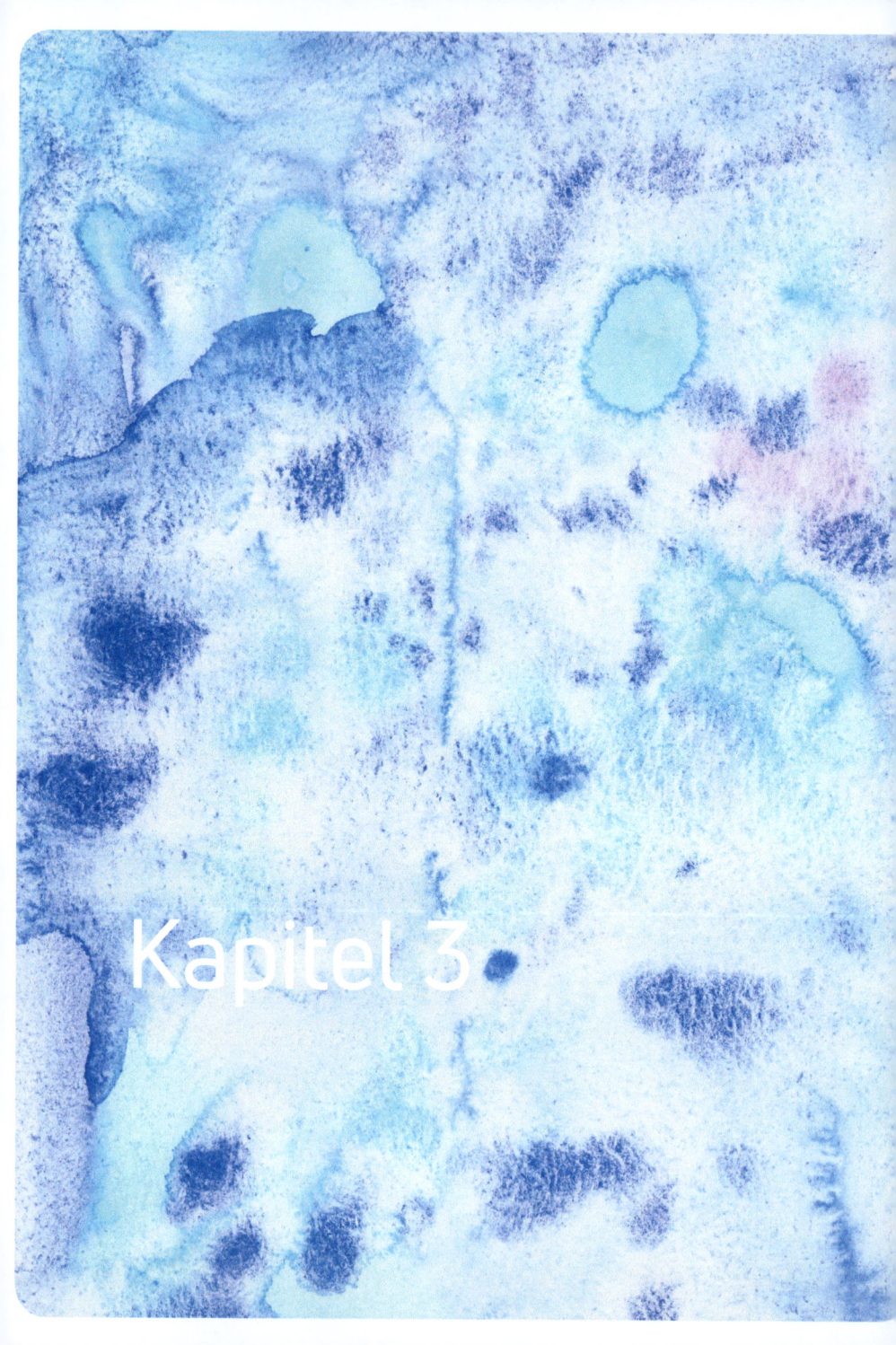

Kapitel 3

Das Abenteuer beginnen

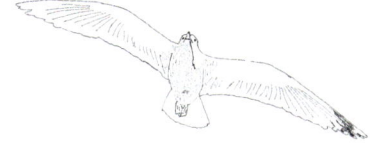

D u hast nun viel Vorbereitungsarbeiten geleistet, damit deine Reise klappt. Du hast dich mit deinen Glaubenssätzen auseinandergesetzt und weißt nun wie du deine Zweifel ausräumst.

Worum wir uns noch nicht gekümmert haben, ist die konkrete Reiseplanung. Dafür möchte ich dir eine Methode von Barbara Sher zeigen, die sie in ihrem Buch *Wishcraft* [16] vorstellt und *Flowchart* nennt.

Bei dieser Planungsmethode beginnst du bei deinem Ziel, also bei dem, was am Ende der Reise als Ergebnis rauskommen soll.

Lass mich das an einem Beispiel zeigen: Mein Ziel ist es zum Beispiel ein Buch zu veröffentlichen. Bevor das Buch in der Buchhandlung liegt – welcher Schritt ist davor notwendig? Dass der Verlag die Bücher in die Buchhandlung liefert. Welcher Schritt ist davor notwendig? Dass die Bücher gedruckt werden. Davor?

Du zerlegst dein Ziel in viele kleine Schritte. Manche können parallel laufen, manche bedingen einander. Das heißt das eine muss vor dem anderen passieren, weil es sonst nicht funktioniert. Dieses schrittweise Zerlegen des Ziels in kleine Schritte hat zwei große Vorteile:

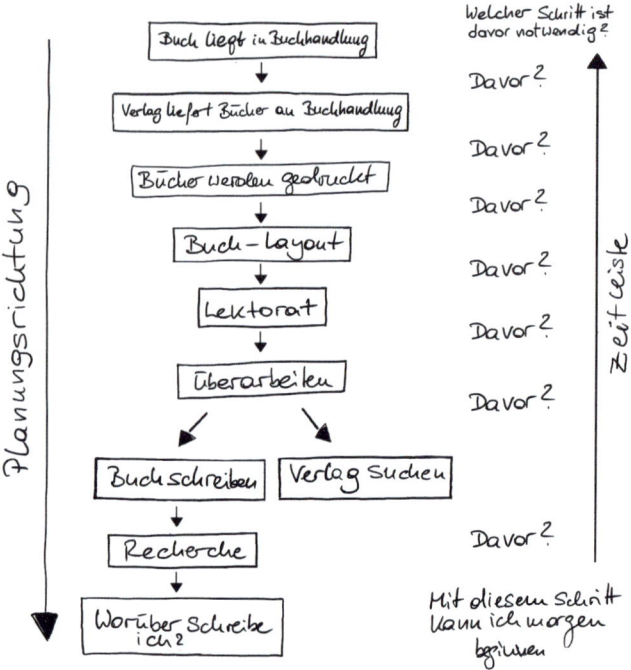

1. Das Ziel wird realistischer im Sinne von du weißt, welche Schritte notwendig sind, um das Ziel zu erreichen, Und das gibt dir das Gefühl von Kontrolle. Dein Hirn liebt Kontrolle, und dann braucht es dir auch keine Steine in Form von Zweifeln oder Sorgen in den Weg zu legen, weil es ja weiß, was als nächstes passiert.

2. Du erkennst welche Abhängigkeiten deine Schritte voneinander haben und siehst auch, was nacheinander erledigt werden muss, damit der nächste Schritt schaffbar wird.

Du zerlegst dein Ziel also in so viele kleine Schritte, bis du an den Punkt kommst, wo du sagen kannst: „Damit kann ich morgen anfangen." In meinem Beispiel wäre das, die Entscheidung zu treffen, worüber ich schreiben will. Wenn ich diese Entscheidung getroffen habe, kann ich morgen mit der Recherche beginnen und anfangen Material zu sammeln. So hantelst du dich Schritt für Schritt weiter, bis du so deinem Ziel immer näher kommst.

Ich empfehle dir parallel zu deinen Schritten eine Zeitleiste zu zeichnen, um darin festzuhalten bis wann dieser Schritt fertig sein soll. Sei realistisch, plane Pufferzeiten ein, aber plane unbedingt Zeiten ein. Wenn du das nicht machst, hat dein Hirn wieder eine Chance, dich zu sabotieren, weil es meint – es gibt ja keine Deadline, also ist es ja egal, ob wir das heute oder morgen machen.

Schreibübung

Nimm dir für dein Flowchart genügend Platz in deinem Reisetagebuch, also mindestens zwei Seiten. Drehe das Heft um 90 Grad, damit die beiden Seiten untereinander liegen und du von oben nach unten schreiben und planen kannst. Am oberen Seitenrand schreibst du dein Reiseziel hin und von da ausgehend schreibst du den davor notwendigen Schritt - so wie in der Grafik, die ich oben eingefügt habe.

Frag dich bei jedem Schritt: Was ist davor notwendig? Und schreibe diesen Schritt darunter. Bis du am Ende bei dem Punkt bist, mit dem du morgen beginnen kannst.

Leg los und gestalte dein Flowchart!

Nicht zu detailliert planen

Du hast mit dem Flowchart eine Übersicht über die notwendigen Schritte für dein Abenteuer. Das entscheidende Wort hier ist „Übersicht".

Wenn du, wie ich, gerne Pläne schmiedest, ist das eine gefährliche Sache. Es kann nämlich dazu führen, dass wir einen detaillierten Schlachtplan entwerfen, in dem wir jede Kleinigkeit bedacht haben. Doch das bedeutet noch lange nicht, dass wir auch ins Tun kommen.

> Detailed planning easily becomes a fancy way to procrastinate.
> It's a lot easier to plan than to take action.
> Michael Hyatt [17]

Detaillierte Pläne sind eine wunderbare Beschäftigungsmaßnahme – und halten uns alleine durch diese zeitintensive Planung davon ab, tatsächlich etwas für das Abenteuer zu tun. Wir bleiben mit dem Pläneschmieden in unserer Komfortzone und müssen keinen Fuß in die Stretchzone setzen. Wir können in unserer Fantasie alle Szenarien durchspielen, während wir sicher am Sofa sitzen. Aber so wirst du nicht zur Heldin!

Hör auf, nur über dein Abenteuer nachzudenken und das eigentliche Tun vor dir herzuschieben. Schluss mit dem Prokrastinieren, komm ins Tun!

Daher: Keine detaillierten Pläne, sondern immer nur die nächsten drei notwendigen Schritte für dein Abenteuer vornehmen und umsetzen!

> Stop procrastinating and just do the things you fear!
> Michael Hyatt [18]

Rückschläge und Verletzungen auf der Reise einstecken

> Wenn wir unser Leben lang darauf warten, irgendwann einmal
> perfekt und unverwundbar zu sein, bevor wir in die Arena treten,
> opfern wir letztlich Beziehungen und Gelegenheiten, die wir viel-
> leicht nie wieder sehen werden.
>
> Brené Brown [19]

Siehst du deine Verletzlichkeit auch als Schwäche? Glaubt man den Forschungsergebnissen von Brené Brown, ist genau das Gegenteil der Fall. Die Soziologin hat sich über zehn Jahre mit den Faktoren beschäftigt, die es braucht, damit Menschen ein glückliches, authentisches Leben führen. Das spannende Ergebnis dieser jahrelangen Forschung: Menschen sind dann am glücklichsten, wenn sie ihre Verletzlichkeit annehmen und als Grundlage ihres Glückes akzeptieren. Indem wir akzeptieren, dass wir auch verletzt werden können und uns davor nicht mehr fürchten, trauen wir uns ins Abenteuer und können ein erfülltes und authentisches Leben führen.

Bitte sieh deine Verletzlichkeit daher nicht als deinen Schwachpunkt, sondern nimm sie an, denn sie macht dich menschlich. Darin unterscheiden sich Heldinnen von Diktatoren! Wenn wir unsere Verletzlichkeit annehmen, treffen wir Entscheidungen, die nicht einsam und grausam für andere sind.

Ja, manchmal klappt ein Schritt unserer Heldinnenreise nicht so, wie wir uns das gewünscht haben. Leider werfen viele bei einem Rückschlag das Handtuch und geben ihr Abenteuer komplett auf. Das finde ich schade. Wenn etwas nicht so klappt, wie du das wolltest, bekommst du nur einen Hinweis, dass dieser Schritt so nicht klappt. Versuche einfach einen anderen Weg zu finden, diesen Schritt umzusetzen. Manchmal muss man einen Umweg gehen, um ans Ziel zu kommen.

> There is no failure. Only a delay in results!
> Henriette Anne Klauser [20]

Also nicht aufgeben, wenn einmal etwas nicht funktioniert, sondern eine andere Lösung suchen!

Probelauf für das große Abenteuer

Manchmal haben wir große Träume und Ideen, die uns wegen ihrer Größe als undurchführbar erscheinen. Doch wie heißt es so schön – jede Reise beginnt mit dem ersten Schritt.

Damit du Selbstvertrauen für deine Reise und Erfahrungen für das spätere große Abenteuer sammelst, wenden wir einen Trick an: Du begibst dich auf ein Microabenteuer. Also ein klitzekleines Abenteuer, das leicht für dich zu erreichen und umzusetzen ist. Was uns bei neuen Dingen Angst macht, ist, dass wir nicht wissen, wie sie ablaufen werden, ob wir das schaffen, was wir überhaupt alles dafür brauchen. Das Ungewisse macht uns Angst. Damit wir aber schon mal ausprobieren können, wie es wäre, das große Abenteuer anzutreten und auch um Erfahrungen zu sammeln, überlegen wir uns, was die Vorstufe unserer Reise wäre. Oder wie wir im Kleinen, ohne großen Aufwand, unsere Idee ausprobieren können – mit einem überschaubaren Risiko.

Lass es mich an einem Beispiel verdeutlichen. Sagen wir, dein Traum ist es, eine mehrwöchige Wanderung quer durch Europa zu machen. So ein Abenteuer anzutreten, braucht einiges an Planung, Du brauchst gute Ausrüstung etc. Du weißt auch nicht, ob du körperlich einer mehrtägigen Wanderung gewachsen bist. Anstatt die ganze Idee gleich wieder zu verwerfen, machst du einen oder sogar mehrere Probeläufe. Als erstes Microabenteuer suchst du dir eine kleine Runde von vielleicht einer Stunde in deiner Umgebung und gehst gleich am nächsten Tag los. Wenn das gut klappt, steigerst du dich auf eine mehrstündige Wanderung in deiner Umgebung und marschierst nächstes Wochenende los. Mit der Erfahrung und der Begeisterung dieses Microabenteuer geschafft zu haben, stellst du eine zweitägige Wanderung zusammen. Dabei kannst du auch gleich deine Ausrüstung fürs Übernachten in freier Wildbahn testen. Und so weiter – in immer größeren Schritten. Das fällt sehr viel leichter, als ohne Erkenntnisse aus den Probeläufen sich für sechs Monate frei zu nehmen und drauflos zu marschieren.

Der Grund, warum viele ihre Neujahrsvorsätze nicht umsetzen, ist, dass sie sich zu große Schritte auf einmal vornehmen. Mehrere kleine, überschaubare Schritte halten uns motiviert und schützen uns vor Überforderung und der Frustration, es wieder nicht geschafft zu haben.

Jetzt bist du dran: Wähle aus den Ideen, wohin die Reise gehen kann, eine aus, die du antreten willst. Dann lege eine Liste an Microabenteuern an, die du als Probelauf für dein großes Abenteuer starten kannst. Es sollen kleine Schritte sein, die du auch mal abends nach dem Job ausprobieren kannst. Wichtig ist, sie nicht nur zu notieren, sondern dann auch auszuprobieren und danach zu reflektieren: Was habe ich gelernt? Was hat funktioniert? Was muss ich beim nächsten Probelauf anders machen?

Schreibübung

Nimm dein Reisetagebuch zur Hand und lege deine Liste der Microabenteuer an!
Wenn du mit der Liste fertig bist, wähle jenes Microabenteuer aus, das am einfachsten und mit dem geringsten Aufwand umzusetzen ist, und setze es MORGEN um!

Entscheidung für das Abenteuer: Täglich & immer wieder

Du hast den Ruf des Abenteuers gehört und bist die ersten Schritte gegangen. Die ersten Zweifel haben sich gemeldet und du hast sie angehört und auf ihren „Wahrheitsgehalt" überprüft.

Und doch gibt es auf dem Weg der Heldin Tage, da fühlst du dich gar nicht heldenhaft. Wenn der Winter kein Ende nehmen will und es noch immer kalt und grau ist, und du doch schon so gerne das neue Frühjahrs-Outfit tragen willst. Oder du am Vortag doch eine Zigarette zu viel geraucht hast und der Hals kratzt. Oder das Konto schon auf Anschlag überzogen ist und die Stromrechnung ins Haus flattert. Du kannst diese Liste sicherlich endlos verlängern, denn dir fallen noch dutzende Beispiele ein, wann du dich in deinem Leben alles andere als heldenhaft fühlst.

Doch genau darum geht es doch – in solchen Situationen darfst du nicht klein beigeben und dich zurückziehen und die Wunden lecken. Natürlich kannst du die Schrammen, die der Alltag dir zufügt, versorgen. Aber ist es ein Grund, deshalb das ganze Abenteuer aufzugeben?

Gerade an solchen Tagen ist es wichtig, sich noch mal bewusst zu machen, wohin die Reise gehen soll. An solchen Tagen musst du dich noch einmal für das Abenteuer entschieden, und du wirst dich im Laufe der Reise immer wieder dafür entscheiden müssen. Denn du stehst täglich vor der Entscheidung:

Gehe ich den begonnenen Weg weiter? Oder lasse ich es? Nehme ich eine Abzweigung?

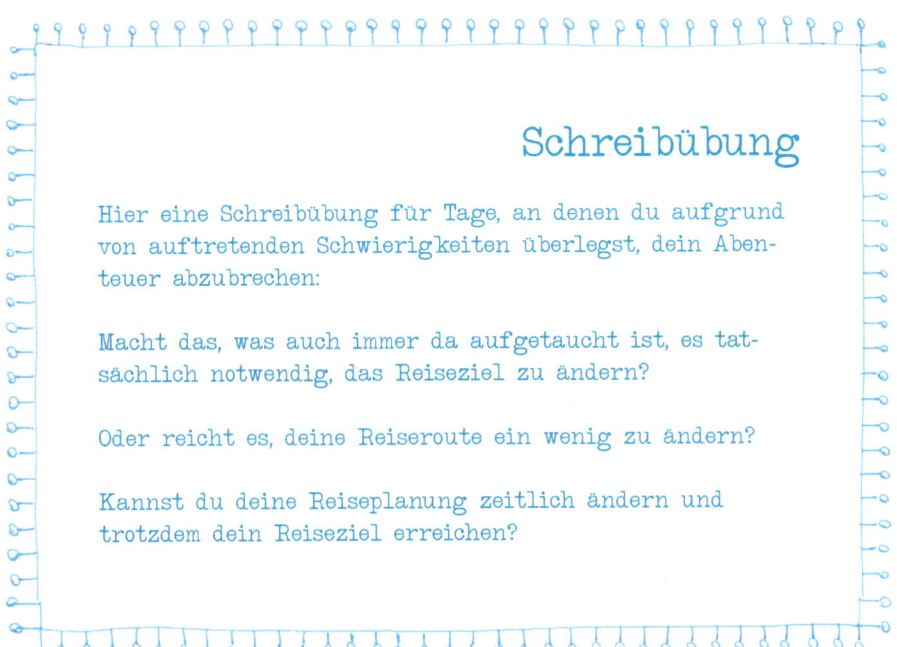

Schreibübung

Hier eine Schreibübung für Tage, an denen du aufgrund von auftretenden Schwierigkeiten überlegst, dein Abenteuer abzubrechen:

Macht das, was auch immer da aufgetaucht ist, es tatsächlich notwendig, das Reiseziel zu ändern?

Oder reicht es, deine Reiseroute ein wenig zu ändern?

Kannst du deine Reiseplanung zeitlich ändern und trotzdem dein Reiseziel erreichen?

Kapitel 4

Der Weg der Hindernisse

Paulo Coelho schreibt in einem Zeitungsartikel mit dem Titel *Im Namen unserer Träume* [21]: „Wir sagen, dass unsere Träume kindisch, zu schwer zu erfüllen oder das Ergebnis fehlender Lebenskenntnis waren. Wir töten unsere Träume, weil wir uns fürchten. Das erste Symptom dafür, dass wir auf dem Wege sind unsere Träume zu töten, ist mangelnde Zeit. … Das zweite Symptom für das Sterben unserer Träume sind unsere Gewissheiten. Da wir das Leben nicht als ein großes Abenteuer sehen, halten wir uns selbst für weise, gerecht und korrekt, weil wir vom Leben so wenig verlangen. … Das dritte Symptom für den Tod unserer Träume ist der Friede. Das Leben ist nur noch ein Sonntagnachmittag. Es will nicht Großes mehr von uns, verlangt nicht mehr, als wir zu geben bereit sind. Wir halten uns für reif, legen die Kindheitsfantasien ab und finden Erfüllung im persönlichen und beruflichen Bereich. … Wenn wir unsere Träume aufgeben und den Frieden finden, liegt eine Zeit der Ruhe vor uns. Doch unsere toten Träume verwesen in uns und suchen unser Lebensumfeld heim …"

Wenn du die Schwelle in die Nachtwelt überschreitest, ist es ganz sicher aus mit dem Frieden. Dann begibst du dich auf fremdes Terrain, und der Teil der Heldinnenreise beginnt, in dem es kämpfen heißt. Selbst wenn es bis hierher schon die ersten Stolpersteine gegeben hat, beginnt nun der wirklich schwierige Teil. Mit dem Schwellenübertritt ist gemeint, dass du erste konkrete Umsetzungsschritte deines Abenteuers setzt. Du hast also zum Beispiel einen neuen Job angenommen und wagst dich nun auf das neue Gebiet. Oder der tatsächliche Beginn der Ausbildung, des Studiums. Ab nun bewegst du dich in einer neuen Umgebung, deren Regeln du noch nicht kennst. Ab dem Schwellenübertritt ist es auch nicht mehr so leicht möglich, zum Status quo zurückzukehren – es hat sich schon zu viel verändert, als dass du den „alten" Zustand wiederherstellen könntest.

Bleiben wir beim Beispiel der neu begonnenen Ausbildung: Es ist wie der erste Schultag. Du kommst in ein neues Gebäude, in dem du dich noch nicht zurechtfindest, kommst mit neuen Menschen zusammen, von denen du noch nicht abschätzen kannst, ob dir diese gut gesinnt sind oder nicht. Was genau du von dieser Ausbildung erwarten kannst, ist auch noch nicht klar. Ob du den Vortragenden folgen kannst oder nicht, ob dir die Inhalte schnell klar sind oder ob du das Gefühl hast, der Vortragende spricht chinesisch. Wie die Gruppe zusammengesetzt ist und welche Position du in der Gruppe haben wirst und vieles mehr. Viele offene Fragen begleiten diesen Schwellenübertritt, viele Hindernisse, die du zu bewältigen hast. Viele kleine und große Kämpfe, die du wirst kämpfen müssen. Und das macht den Text von Paulo Coelho so berührend für mich. Gerade wir Frauen wollen oft nicht kämpfen für unsere Träume – wir hoffen, dass sie uns einfach in den Schoß fallen. Das Kämpfen empfinden manche Frauen als zutiefst männlich und lehnen es daher ab.

Doch wie es Paulo Coelho beschreibt, geht es bei unseren Träumen um einen guten Kampf – um einen, um den unser Herz uns bittet. Und vor diesem guten Kampf können auch wir Frauen uns nicht verschließen. Und gerade in dieser Phase des Schwellenübertritts muss ich mir meine Träume, mein Abenteuer wieder bewusst machen und mich dem Kampf stellen, der an dieser Stelle losbrechen wird. Denn es werden dir ab hier nicht nur Hindernisse begegnen. Sondern auch die eigenen Zweifel und Gewissheiten, die uns dazu verführen, unsere eigenen Träume zu töten. Es werden auch Personen auftauchen – die Schwellenwächter – gegen die wir kämpfen müssen, damit unsere Träume am Leben bleiben und nicht in uns verwesen.

Wie uns Hindernisse prüfen

Hindernisse tauchen bei deiner Heldinnenreise unweigerlich auf. Manchmal sind es Kleinigkeiten: Du versuchst eine Information telefonisch einzuholen und die Nummer ist immer besetzt oder die Person, die du brauchst, ist nicht erreichbar. Manchmal sind es aber auch größere Hindernisse: Du wirst an dem Wochenende krank, an dem das Seminar stattfindet, das du für das Weiterkommen in deinem Abenteuer brauchst.

Manchmal tauchen Hindernisse auf, die uns prüfen oder auf die Probe stellen, ob wir unser Ziel wirklich erreichen wollen. Häufig geben wir genau an diesem Punkt auf – die Hindernisse liefern uns die perfekte Ausrede, warum wir unsere Reise nicht fortsetzen können.

Ich verwende das Wort Ausrede an dieser Stelle bewusst. Denn nichts anderes ist es, wenn wir unser Abenteuer abbrechen, weil etwas auftaucht, mit dem wir nicht gerechnet haben oder das unsere Reise schwieriger macht. Aber statt sich zurückzuziehen und zu maulen, sollten wir einen Schritt zurückweichen und einen neuen Anlauf nehmen.

Hindernisse können Geschenke sein

Hindernisse sind gefährlich, da sie unser Abenteuer zum Scheitern bringen können. Wenn du das Hindernis jedoch nicht als unüberwindbare Hürde siehst, sondern als Chance, etwas zu lernen, kann es dich enorm weiterbringen. Mit jedem Hindernis, das dich dazu zwingt, von deinem Plan abzuweichen, sammelst du neue Erfahrungen. Mit jedem Hindernis, das du überwindest, steigen dein Selbstbewusstsein und deine Erfahrung. Wenn du eine neue Lösung findest, erweiterst du dein Repertoire an Lösungsansätzen – was wiederum die Grundlage ist, um das nächste Hindernis noch leichter zu bewältigen.

Je mehr unterschiedliche Lösungsansätze du kennst, desto leichter wird es in der Zukunft.

Sieh es wie einen Werkzeugkoffer – du kannst nicht jede Aufgabe nur mit dem Hammer lösen. Manchmal ist ein Schraubenzieher das bessere Werkzeug. Doch dafür musst du den Schraubenzieher haben und wissen, wie du ihn einsetzt.

Hindernisse zu überwinden, heißt Probleme zu lösen. Statt dich über ein Hindernis zu ärgern oder dich davon entmutigen zu lassen, überlege: Welche Alternative gibt es? Welchen anderen Weg kann ich einschlagen, um das Hindernis loszuwerden?

Schreibübung

Mach eine Liste der Hindernisse, die während deiner Reise auftreten können. Überlege dir für jedes Hindernis ein oder zwei Alternativen, wie du das Ziel trotzdem erreichen kannst.

Motivation finden im Weg der Hindernisse

Je länger der Weg der Hindernisse dauert, desto zäher wird es. Der Gedanke aufzugeben meldet sich immer öfter und immer lauter.

Das hat mehrere Gründe: Einer davon ist, dass wir heute von der Werbung und den Medien suggeriert bekommen, dass es einfache und schnelle Lösungen für jedes Problem gibt. Instant Kaffee gegen Müdigkeit, 10-Schritte-Programm für den perfekten Body etc. Ganze Industrien leben davon, dass wir schnell und ohne großen Aufwand unsere Bedürfnisse befriedigt bekommen. Dadurch verlernen wir immer mehr für einen Wunsch auch mal härter zu arbeiten und auszuhalten, nicht sofort das zu bekommen, was wir wollen.

Wir stehen dann wie eine verzogene Dreijährige strampfend im Supermarkt und brüllen uns die Seele aus dem Leib, weil wir jetzt sofort auf der Stelle das süße Zeug haben wollen, das uns ein wohlig warmes Gefühl bereitet.

> We want instant results and we want them without a lot of effort.
> Michael Hyatt [22]

Verwöhnt durch schnelle, einfache Lösungen, werden wir ungeduldig, wenn sich unsere Heldinnenreise schwieriger gestaltet als anfangs gedacht.

Doch wir sind keine verwöhnten Prinzessinnen auf der Erbse. Wir sind Heldinnen, die sich durch die Hindernisse nicht aufhalten lassen und das Durchhaltevermögen mitbringen, um unser Ziel zu erreichen. Genau das macht uns zu Heldinnen!

Um die notwendige Ausdauer und Motivation für unser Abenteuer zu haben, um genau diese schwierige Phase der Hindernisse zu überstehen, macht es Sinn, nochmals genauer anzusehen, warum du diese Reise angetreten hast.

Eine Frage, mit der wir uns bis jetzt nicht befasst haben: Warum willst du dieses Abenteuer? Warum willst du dieses Ziel erreichen?

People lose their way when they lose their why.
Michael Hyatt[23]

Du wirst den Weg der Hindernisse nicht überstehen, wenn du keinen guten Grund für das Abenteuer hast. Eine Reise zu starten ist einfach, sie aber durchzuziehen, auch wenn es schwierig wird: da unterscheidet sich die Masse der Leute von der Heldin.

Um die Schwierigkeiten zu überstehen, braucht es die notwendige Motivation – und die hat ihre Wurzeln im Warum. In dem Grund, warum du die Reise überhaupt angetreten hast. Erst wenn für dich klar ist, was auf dem Spiel steht – im positiven wie im negativen Sinn – kannst du deine Motivation für die Reise klar definieren. Ich lade dich daher wieder zu einer Schreibübung ein.

Schreibübung

Warum will ich dieses Abenteuer?

Warum ist es mir persönlich so wichtig?

Was steht auf dem Spiel? Positiv und negativ?

Was macht dieses Hindernis vielleicht möglich?

Sich auf den Weg machen

Jede Reise beginnt mit dem ersten Schritt. Nachdem du nun deinen Reiseplan in Form deines Flowcharts festgelegt hast und weißt, in welche Richtung du losmarschierst, ist es an der Zeit, auch wirklich loszugehen.

Wie bei Antritt jeder Reise gilt es jetzt aber auch, Abschied zu nehmen. Bei jeder Reise lassen wir etwas zurück. Bei einem Urlaub weißt du, dass du nach vierzehn Tagen wieder zurückkommst und die Dinge größtenteils unverändert wieder vorfindest. Doch bei deiner Heldinnenreise kehrst du nicht so schnell wieder zurück. Und manchmal heißt es tatsächlich bestimmte Menschen, Orte etc. hinter sich zu lassen.

So wie ich im Laufe meiner Heldinnenreise – meiner Selbständigkeit und meinem Abenteuer, als Coachin und Schriftstellerin zu leben – irgendwann erkennen musste, dass ich mich von einem bestimmten Menschen trennen muss – meinen Exmann. Er hat nicht nur meinen Traum nicht verstanden, sondern auch in Frage stellte und sogar lächerlich gemacht. Glaube mir, das war keine einfache Entscheidung. Ich habe lange die Augen vor dieser Entscheidung verschlossen, ich wollte beides. Meine Ehe retten und meinen Weg als selbständige Autorin gehen. Doch irgendwann reifte die Erkenntnis in mir heran, dass beides nicht gehen wird. Ich erkannte, dass mein Exmann mir meinen Erfolg nicht gönnt, weil er mich lieber von sich abhängig wusste. Er blockierte mich, indem er mein Ansinnen, mein erstes Buch zu schreiben, als Träumerei und unrealistisch abtat. Etwas, von dem man nicht leben kann. Durch eine berufliche Veränderung bei ihm wurde unsere Ehe zu einer Wochenendbeziehung. Siehe da, durch die räumliche Distanz und die geringere Zeit, die wir miteinander verbrachten, konnte ich mich verstärkt dem Schreiben widmen, ohne dass er viel davon mitbekam.

Ich habe mich für mein Abenteuer entschieden und diese Ehe zurückgelassen. Im Nachhinein betrachtet, eine schwere, aber richtige Entscheidung.

Denn sonst wäre ich Jahre später nicht frei gewesen für den Mann, mit dem ich jetzt mein Leben teile und der mich bei meinem neuen Abenteuer unterstützt.

Ich sage jetzt nicht, dass du dich von deinem Partner/deiner Partnerin trennen musst. Vielleicht ist es bei dir ein bestimmtes Gedankenmuster, das du zurücklassen musst, bevor du dich auf den Weg machst. Oder es wird dir am Weg klar, dass dich etwas blockiert in deinem Weiterkommen. Dass dich zum Beispiel dein hoher Anspruch, dein Perfektionismus daran hindert neue Dinge auszuprobieren, weil sie nicht gleich perfekt funktionieren werden.

> Ich glaube, Perfektionismus ist nur die edle Haut-Couture-Version von Angst … Zu viele Frauen scheinen immer noch davon auszugehen, dass sie sich überhaupt nicht vorwagen sollten, solange sie selbst und ihre Arbeit nicht perfekt und über jede Kritik erhaben sind.
> Elizabeth Gilbert [24]

Oder dir steht deine Scheu vor neuen Menschen dabei im Weg, neue Weggefährt*innen und Förder*innen für dein Abenteuer kennenzulernen. Etwas zurückzulassen, wenn du dich auf den Weg machst, ist der Preis, den du für dein Abenteuer bezahlst. Und dazu sind wir oft nicht bereit. Aber genau dieses Loslassen ist notwendig, damit Neues entstehen kann.

Für immer und ewig

Vor einigen Monaten ist eine Tante von mir gestorben. Und wie jedes Mal bei so einem traurigen Anlass muss ich an alle die Menschen denken, die im Laufe meines Lebens von mir gegangen sind. Die Nicht-Haustierbesitzer*innen mögen mir verzeihen, aber in solchen Situationen denke ich auch an meine geliebten Hunde und Katzen, die ich verloren habe.

Ich habe in meinen täglichen morgendlichen Schreibübungen darüber nachgedacht, was es so schwer macht, diese Menschen und Tiere loszulassen. Und ich bin, schreibend, für mich zu dem Schluss gekommen, die Phrase „für immer und ewig" aus meinem Wortschatz zu streichen.

Für immer gibt es nicht. Das ist Lug und Trug. Es gibt nur „für einige Zeit". Manchmal für eine längere Zeit, manchmal für eine kürzere Zeit. Aber nicht für immer.

„Immer" schürt Hoffnungen, die nicht erfüllt werden können. Es ist besser zu sagen – für einige Zeit. Wie lange die auch immer sein mag.

Welchen Stress erlegen wir uns auf, wenn wir uns vornehmen, etwas hält für immer? Es passieren zu viele Veränderungen in unserer Umwelt und in unserem Leben, als dass etwas oder jemand dem für immer entsprechen kann.

Ich habe beschlossen, Schluss zu machen mit dem Klammern an Menschen, Tiere und Dinge. Sie festhalten wollen für immer.

Lieber die Zeit mit ihnen wirklich genießen, weil sie begrenzt ist. Dann ist sie kostbar, und wir gehen entsprechend vorsichtig damit um. Wenn ich denke, einen bestimmten Menschen für immer an meiner Seite zu haben, werde ich unachtsam, genieße die Zeit nicht, die ich mit diesem Menschen habe.

Aber auch nichts künstlich verlängern, was nicht mehr möglich ist. Ich habe meinen letzten Hund erst einschläfern lassen, als er ein komplettes Organversagen hatte. Weil ich ihn nicht loslassen wollte. Ich habe aus reinem Egoismus sein Leiden verlängert.

Das Loslassen fällt nicht leicht – es braucht den Mut der Heldin, sich einzugestehen, wo man an nicht mehr haltbaren Beziehungen festhält.

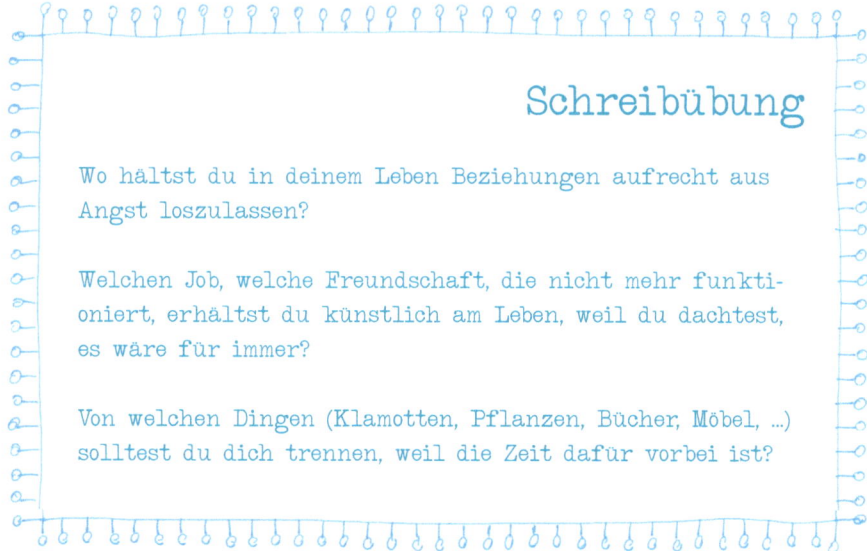

Schreibübung

Wo hältst du in deinem Leben Beziehungen aufrecht aus Angst loszulassen?

Welchen Job, welche Freundschaft, die nicht mehr funktioniert, erhältst du künstlich am Leben, weil du dachtest, es wäre für immer?

Von welchen Dingen (Klamotten, Pflanzen, Bücher, Möbel, …) solltest du dich trennen, weil die Zeit dafür vorbei ist?

Wenn es Zeit ist weiterzugehen, lass los. Lass die Menschen ihres Weges ziehen, und sei dankbar für die gemeinsame Zeit, die ihr hattet. Und freue dich auf das Neue, das da kommt.

Ach ja – und für jene, die meinen, es kommt vielleicht nichts Besseres nach: Bedenke, dass selbst Misserfolge nicht für immer bleiben!

Die Gesellschaft als Schwellenwächter

Kennst du den alten Film *Yentl* mit Barbra Streisand? Yentl ist für mich die Heldin schlechthin, die für ihren Traum wirklich alles tut. Als jüdische Frau im Jahr 1904 ist es ihr nicht erlaubt zu studieren – sie will aber unbedingt die Geheimnisse der Thora erkunden, doch als Frau ist sie auf der jüdischen Universität nicht zugelassen.

Nach dem Tod ihres Vaters, der sie bis dahin geheim unterrichtet hat, verkleidet sie sich als Mann, um sich auf diese Weise in die Universität einzuschleusen. Und tatsächlich gelingt es ihr und sie kann ihren Traum leben – studieren, lesen und diskutieren. Sie gibt aber auch viel auf, um ihren Traum aufrecht zu erhalten – zum Beispiel den Mann, in den sie sich verliebt hat. Doch irgendwann hält sie den Druck ihrer Lügengeschichten nicht mehr aus und Yentl verlässt die Stadt und wandert aus nach Amerika, um sich wieder ihrem Traum, die Thora zu studieren, zu widmen.

Wie im Fall Yentls können auch heutzutage noch gesellschaftliche Normen oder Regeln Schwellenwächter für dein Abenteuer sein. Manchmal sind es aber auch wir selbst, die wir uns diese Barrieren im Kopf aufbauen. Weil wir der Meinung sind, dass uns gewisse Dinge/Abenteuer nicht zustehen. So wie ich beim Schreiben dieses Buches für einige Zeit ins Stocken geriet – nein schlimmer: Ich hatte eine Schreibblockade und konnte über mehrere Wochen kaum eine Zeile zu diesem Buch schreiben. Andere Texte ja, mein Tagebuch – kein Problem. Aber für das Buch – nein. Irgendwann tauchte in mir die Frage auf „Darf ich das überhaupt?". Darf ich als nicht-studierte Tochter einer Arbeiterfamilie Frauen in einem Buch erzählen, wie sie ihr Leben selbstbestimmt gestalten können, sodass sie zur Heldin werden? Wer bin ich denn, dass ich glaube, so etwas schreiben zu können?

Die ersten Texte dieses Buches lagen jahrelang in meiner Schublade. Ja, ich habe viele Ausbildungen gemacht und habe viele Klient*innen begleitet, aber trotzdem saß mir diese alte Geschichte, nicht studiert zu haben, weil es sich meine Eltern nicht leisten konnten, im Nacken. Und ich blockierte mich selbst damit. Ich dachte es stünde mir nicht zu, mein Abenteuer, Schriftstellerin zu sein zu leben. Was für eine Dummheit!

Und dann fiel mir eine andere Heldin ein, die ich als Kind geliebt hatte, und von der ich mir etwas abschauen konnte: Pippi Langstrumpf. Wie ging das Lied nochmal?

> Zwei mal Drei macht Vier,
> widdewiddewid,
> und Drei macht Neune,
> ich mach mir die Welt,
> widdewidde wie sie mir gefällt.

Es geht nicht darum, was andere denken, und ob die Welt meiner Meinung ist, ob ich das kann oder darf. Es geht darum, was ich denke und wie meine Welt aussieht. Und mir wurde klar, ich hatte den Frauen viel zu erzählen – aus meinem eigenen Erleben und aus der Erfahrung meiner Klient*innen. Und dafür brauchte ich kein Studium. Wenn ich wirklich wollte, konnte ich noch immer zu studieren beginnen – was ich dann auch irgendwann tat.

Du brauchst keine Legitimation von außen, um dein Abenteuer anzutreten. Du musst innerlich dazu bereit sein und auch bereit sein dafür, etwas zu tun – manchmal dafür kämpfen oder dir die allgemeine Wahrheit ein bisschen verdrehen – so wie Yentl und Pippi!

Schwellenwächter

Wenn wir unsere Heldinnenreise antreten, sind es nicht nur unsere eigenen Zweifel und Ängste, die uns anfangs im Weg stehen. Manchmal sind auch die Menschen in unserer Umgebung nicht von unserer Reise begeistert.

Dann wollen dir diese Menschen dein Abenteuer ausreden. Doch nicht alle tun das, weil sie dich vor dem Scheitern oder vor Verletzungen schützen wollen, wie sie es wahrscheinlich ausdrücken. Sie sagen, sie haben Angst um dich, dass sie sich Sorgen um dich machen. Manche meinen das so. Aber nicht alle.

Es werden auch Menschen dabei sein, die dein Abenteuer verhindern wollen. Menschen, die einen Nachteil davon haben, wenn du deine Reise positiv bestehst. Oder die dich klein halten wollen, weil du ihnen so dienlicher bist. Manchmal ist das Motiv des Schwellenwächters dir dein Abenteuer auszureden, weil er nicht will, dass du weniger Zeit für ihn hast. Oder du hast dann mehr Erfahrung als die Person oder sie neidet dir einfach deinen Mut und will nicht, dass du erfolgreicher oder besser bist als sie. Mark Twain hat einen wundervollen Satz geschrieben, der mich immer wieder daran erinnert, mich von solchen Menschen nicht beeinflussen zu lassen:

> Keep away from people who try to belittle your ambitions.
> Small people always do that.
> The really great ones make you feel,
> that you too can be great.
> Mark Twain

Wer sind die Schwellenwächter? Jene netten Menschen, die dich an deinem Abenteuer hindern wollen. Die dir so schöne Sätze zuflüstern wie: „Wozu willst du dir das antun? Was erwartest du dir davon? Ist das den Aufwand wert? Glaubst du wirklich, dass du das schaffst?" So oder so ähnlich klingt es, wenn der Schwellenwächter bemerkt, dass du dich tatsächlich aufmachst, um dein Abenteuer anzutreten. Im Film ist der Schwellenwächter der klassische Gegenspieler des Helden – der, gegen den der Held kämpfen muss. Der Schwellenwächter will aus den unterschiedlichsten Gründen nicht, dass du dein Abenteuer antrittst. Sei es, weil du dadurch zur Konkurrentin für ihn wirst, seine Macht und sein Einfluss dadurch in irgendeiner Form gefährdet werden oder er irgendeinen Nachteil daraus hat, dass du dein Abenteuer antrittst. Und sei es nur, dass er daneben als feig/faul/unsicher/ängstlich/lahmarschig dasteht. Und wer will schon schlecht dastehen. Für manche Menschen erscheint es dann einfacher, jemand anderen daran zu hindern, etwas Neues zu wagen, damit ihre eigene Feigheit nicht so offensichtlich wird.

Natürlich gibt es auch Schwellenwächter, die sich tatsächlich Sorgen um dich machen. Die dich am Abenteuer hindern wollen, weil sie befürchten, du könntest Schaden nehmen. Sei es körperlich, seelisch oder finanziell, oder du ruinierst dir mit dem Abenteuer dein Ansehen. Aber dann gilt es eher, sich die Bedenken dieses Schwellenwächters anzuhören und zu überlegen, wie du diese ausräumen kannst. Indem du Vorkehrungen triffst, dass diese Bedenken erst gar nicht auftreten beziehungsweise deine Planung des Abenteuers entsprechend anpasst. Wenn zum Beispiel deine Mutter bei deinem Ruf des Abenteuers, doch noch ein Studium zu beginnen, die Angst hat, du übernimmst dich, dann nimm das durchaus ernst und versprich, regelmäßig freie Wochenenden einzuplanen, in denen du dich erholst.

Verwandle, wenn möglich, diese Schwellenwächter in Mentor*innen, die dir helfen, dass genau diese Befürchtungen, die sie formulieren, nicht eintreffen.

Gegen die anderen Schwellenwächter, jene die wirklich dein Abenteuer verhindern wollen, gibt es zwei Strategien:

Die erste: **Ignorieren**
Lass dich vom Imponiergehabe dieser Schwellenwächter nicht einschüchtern und beeindrucken. Wenn sich diese Person in ihrer Macht angegriffen fühlt – deren Problem, nicht deines. Wenn der Person das Revier durch deinen Vorstoß zu klein wird, ist das deren Problem, du musst dafür keine Lösung finden. Lass dich durch diese Schwellenwächter oder gar aus Rücksicht auf diese Menschen nicht von deinem Vorhaben abbringen. Denke daran – du kannst dich nicht um alles kümmern. Schon gar nicht um die

Befindlichkeiten anderer. Du brauchst eine gesunde Portion Egoismus für dein Abenteuer – sonst wird es nicht klappen.

Die zweite Strategie, wenn Ignorieren nicht funktioniert: **Kämpfen**
Wie gesagt leider etwas, wovor Frauen zurückschrecken. Zu kämpfen sind viele nur bereit, wenn es darum geht, ihre Kinder zu verteidigen. Viel zu oft geben Frauen beim geringsten Widerstand auf, anstatt für ihre Wünsche und Träume zu kämpfen. Fauche, wenn sich jemand dir in den Weg stellt, balle die Fäuste, wenn dich jemand am Weitergehen hindert und kratze notfalls, wenn dich jemand zurückhalten will.

Ich besuchte viele Jahre Kurse in Selbstverteidigung und Kampfsport. Am Anfang wollte ich lernen, wie ich mich im Notfall verteidigen kann, dann machte es mir Spaß, mit Boxhandschuhen den Boxsack zu traktieren. Das bedeutet jetzt nicht, dass ich mich durchs Leben prügle. Im Gegenteil, ich bin ein friedfertiger Mensch und versuche, Konflikte mit einem Gespräch zu lösen. Aber es hat mir gut getan, die Wut, die ich manchmal spürte, am Boxsack abzubauen. Gerade Frauen lassen Gefühle wie Wut und manchmal auch Aggression bei sich nicht zu. Es gehört sich nicht als Frau, dieser Wut freien Lauf zu lassen. Immer schön kontrolliert und artig sein. Diese Gefühle zu unterdrücken oder gar zu ignorieren führt zu vielen psychosomatischen Symptomen – Magenschmerzen (vom Runterschlucken des Ärgers), Kopfschmerzen, Rückenschmerzen um nur einige zu nennen.

Durch den Kampfsport habe ich gelernt, wieviel Kraft ich habe – und das strahle ich auch aus. Es war für mich erstaunlich zu sehen, wie viele Frauen in den Selbstverteidigungskursen Scheu hatten, sich zu verteidigen, geschweige denn auf jemand anderen, und sei es nur ein Sandsack, hinzuschlagen. Manche Frauen konnten nicht einmal ihre Hand zu einer Faust ballen. Doch wenn du dich nicht zu wehren weißt, wenn du nicht bereit bist zu kämpfen, kannst du viele Ziele nicht erreichen. Denn mit lieb und nett sein alleine, wirst du deine Träume nicht erreichen. Ich möchte hier nicht zur Gewaltbereitschaft aufrufen – auf keinen Fall. Auch mir gibt der steigende Gewaltpegel in unserer Gesellschaft zu denken.

Worauf ich aber hinaus will ist, dass du dich nicht schwach fühlen sollst. Du sollst nicht beim kleinsten Imponiergehabe eines Schwellenwächters dein ganzes Abenteuer abbrechen. Ich will dich dazu ermutigen, die Faust zu ballen, um zu signalisieren, dass du bereit bist, für dein Abenteuer zu kämpfen, auch unter körperlichem Einsatz, wenn sich dir jemand aus egoistischen Gründen in den Weg stellt und dich an deinem Abenteuer hindern will.

Statistiken zeigen leider, dass jene Frauen angegriffen werden, die schon durch ihre Körpersprache signalisieren, dass sie sich schwach fühlen und keine Gegenwehr leisten werden. Wenn du unsicher zu Boden blickst, mit hängenden Schultern und rundem Rücken dich kleiner machst, als du bist, fühlt sich dein Gegenüber umso stärker. Wenn du jedoch aufrecht stehst, deinem Gegenüber in die Augen schaust und mit erhobenem Haupt auf ihn, oder sie zugehst, signalisierst du: „Ich habe keine Angst!"

Tu mir und vor allem dir selbst einen Gefallen – geh ins nächste Fitnesscenter und besuche einen Kurs in Selbstverteidigung oder eine Kampfsportart. Du lernst dabei, wie stark du in Wirklichkeit bist! Denn wenn es dir einmal gelungen ist einen Hundert-Kilo-Mann zu überwältigen, dich gegen ihn zu verteidigen, weil du die richtige Taktik kennst, stärkt das dein Selbstbewusstsein. Weil du dann weißt, dass du, egal wie groß oder klein, körperlich trainiert dein Gegenüber ist, du dich wehren kannst. Und das lässt dich wachsen. Dann fühlst du dich weniger hilflos und ängstlich. Mit diesem Gefühl der Stärke trittst du dann deinem Schwellenwächter gegenüber und du wirst sehen – er wirkt auf einmal nicht mehr ganz so groß, so einschüchternd.

Schreibübung

Sammle, was du von anderen schon alles zu deiner Heldinnenreise gehört hast. In welcher Situation wollte man dir schon dein Abenteuer ausreden?

In einem zweiten Schritt lege eine Liste an, wer in deinem Umfeld (Familie, Freunde, Kolleg*innen, …) Einwände gegen deine Heldinnenreise haben könnte und warum diese Person dein Abenteuer zu verhindern versucht. Schnapp dein Reisetagebuch und lege los!

Wenn du die Liste fertig hast, überlege in einem zweiten Schritt, was du jenen Personen, die dir wichtig sind, anbieten kannst, damit sie dir nicht im Weg stehen. Sieh es als Tauschhandel – du bietest etwas an, das die Person freut oder besänftigt, damit sie dich ziehen lässt.

Aber das tust du bitte wirklich nur bei jenen Menschen, die dir wichtig sind wie Partnern, Kindern etc. Wenn deine Nachbarin neidisch über den Gartenzaun keift, halte dich an den alten Spruch: „Was kratzt es den Baum, wenn das Schwein sich an ihm reibt." Mit anderen Worten: Ignoriere es! Wenn du diesen Menschen keine Beachtung schenkst, verlieren sie auch an Macht über dich und deine Entscheidungen. Und denk dran: Du musst als Heldin nicht Everybody's Darling sein. Es müssen nicht alle deine Heldinnenreise verstehen!

Suche dir ein Team aus Unterstützer*innen

Viel wichtiger, als auf die Neider und Verhinderer zu schielen, ist es, sich ein Team aus Unterstützer*innen für die Heldinnenreise zu suchen und zusammenzustellen. Erfolgreiche Sportler*innen, die tolle Leistungen bringen, haben immer auch ein Team an Betreuer*innen, Coaches, Trainer*innen, die dafür sorgen, dass sie optimal vorbereitet in den Wettbewerb gehen, und die Ausrüstung perfekt auf sie abgestimmt ist.

Die Mentorin hat die Reise, die du vor dir hast, schon hinter sich. Sie kennt die Schwierigkeiten, die am Weg lauern und kann dir wichtige Hinweise geben, wie du dein Abenteuer bestehen kannst.

Die Mentorin muss nicht zwangsläufig jemand sein, die dir große Geldmittel zur Verfügung stellt oder dir alle Steine aus dem Weg räumt. Eine Mentorin ist auch jemand, die dir im entscheidenden Moment die richtigen Fragen stellt oder dich mit einer Information unterstützt, die dich weiterbringt. Eine Mentorin ist einfach jemand, die an dich glaubt, und zwar genau an dem Punkt, wo du selbst nicht daran glaubst, irgendetwas weiterzubringen. Die dir den Schubs gibt, den du brauchst, um weiterzumachen. Die im entscheidenden Moment neben dir steht und dir ermutigend zulächelt, bevor du den ersten Schritt machst.

Wer in deinem Umfeld kann dich mit Infos rund um dein Abenteuer versorgen? Lege dir daher eine weitere Liste in deinem Reisetagebuch an, die ungefähr so aussehen soll.

Wer kann mich unterstützen?	Wie kann mich die Person unterstützen? Zeit, Know-how, sonstige Ressourcen, …

Schaffe dir ein fiktives Team aus Mentor*innen

Wenn die realen Personen in deinem Leben als Mentor*innen nicht ausreichen – schaff dir ein fiktives Team. Gibt es Persönlichkeiten aus Politik, Kultur oder Sport, die du bewunderst? Oder Figuren aus Theater, Film oder Romanen, die dir imponieren?

Notiere jene fünf Personen, die du am meisten schätzt oder bewunderst. Schreibe auch auf, wofür du diese Person so bewunderst. Diese Personen sind dein ganz persönliches Mentor*innenteam. Dein persönlicher Berater*innenstab. In schwierigen Situationen in deiner Reise kannst du sie immer wieder befragen. Indem du dir überlegst, wie diese Person nun reagieren würde. Was würde Albert Einstein in dieser Situation tun? Und Lara Croft? Die dabei entstehenden Überlegungen sind für dich wichtige Anhaltspunkte für die Lösung des Problems.

Schreibübung

Schreib fünf Personen aus Politik, Kultur, Sport oder auch Roman- oder Filmfiguren auf, die du bewunderst und toll findest.

Was schätzt du an diesen Personen/Figuren und was sind ihre besonderen Eigenschaften, die dir während deiner Reise hilfreich sein können?

Eine weitere Hilfe auf dem Weg der Hindernisse – lege dir ein *Buch der Komplimente* an. Sammle darin positives Feedback, das du von Freunden, Kolleg*innen, Vorgesetzen, usw. bekommen hast. Und zwar so wörtlich wie nur möglich, versehen mit Datum und Anlass, sowie natürlich Namen der Person.

So siehst du, wie viele positive Meldungen du bekommst für die unterschiedlichsten Dinge. Wenn du einen schlechten Tag hast, kannst du dir mit diesem Buch bewusst machen, dass du doch nicht so faul, dumm oder hässlich bist, wie du dich vielleicht gerade fühlst.

Die Hartnäckigkeit der Heldin

Das Magazin *Psychologie heute* brachte in seiner Ausgabe Mai 2006 einen mehrseitigen Artikel mit dem Titel *Das Geheimnis des Erfolgs: Der lange Atem*. Darin wird anhand mehrerer Beispiele belegt, dass das Erreichen eines Ziels nicht nur mit Begabung, Glück und Leidenschaft zu tun hat. Es braucht auch die entsprechende Hartnäckigkeit und das Durchhaltevermögen, um das Ziel zu erreichen. Auch du wirst diese Ausdauer brauchen, wenn du deinen Weg der Hindernisse überstehen willst.

Denn diese Hartnäckigkeit, nicht aufzugeben, ist eine weitere Eigenschaft, die die Heldin von anderen unterscheidet. Sie lässt sich von Fehlschlägen nicht verunsichern und gibt schon gar nicht auf. Denke daran, wo wir heute wären, hätte Edison nicht diese Hartnäckigkeit besessen. Er hat über 2000 Versuche gebraucht, um die Glühbirne zu erfinden. Er hatte mehr als 2000 Fehlschläge, die es zu überwinden galt – doch er hat weiter an seine Idee geglaubt, hat sein Abenteuer nicht aufgegeben, obwohl der Weg der Hindernisse ein langer war.

Oder J. K. Rowling – eine junge alleinerziehende Mutter, die von der Sozialhilfe lebte, aber einen Traum hatte: Schriftstellerin zu werden. Dutzende Verlage haben ihre Geschichte vom Zauberlehrling Harry Potter abgelehnt. Doch trotz der x-ten Absage hat sie sich nicht beirren lassen – hat ihr Manuskript weiter verschickt, bis der Bloomsbury Verlag ihr einen Vertrag gab und ihr Buch veröffentlichte. Mittlerweile ist J. K. Rowling Millionärin mit einem größeren Vermögen als die englische Queen.

Begabung und Leidenschaft sind wichtige Zutaten für das Gelingen deines Erfolgsrezeptes. Ohne Hartnäckigkeit hilft dir das ganze Talent nichts – wenn du nichts daraus machst. Und ohne Hartnäckigkeit wirst du deine Heldinnenreise schon nach dem Auftauchen der ersten Schwierigkeiten wieder abbrechen.

Hartnäckigkeit ist das Salz in deinem Erfolgsrezept – oder vielmehr die Flamme, die dein Gericht am Köcheln hält. Die dafür sorgt, dass es weitergeht und aus den Zutaten Talent und Leidenschaft ein schmackhaftes Gericht wird.

One of the most common causes of failure is the habit of quitting when one is overtaken by a temporary defeat.
Napoleon Hill [25]

Don't stop three feet from the gold!

Ein Mann in Colorado während des Goldrausches suchte Jahre nach Gold. Eine zeitlang lief es gut, doch dann fand er mehrere Wochen kein Gold. Er glaubte, die Miene sei leer und verkaufte sie günstig. Drei Feet tiefer stieß der neue Besitzer auf eine millionenschwere Goldader.
(Frei nach Napoleon Hill)

Hindernisse am Weg

There is a difference between wishing for a thing
and being ready to receive it.
Napoleon Hill [26]

Wir haben uns schon über die auftauchenden Zweifel unterhalten. Auch wenn du diese schon einmal bearbeitet hast, können während des langen Weges der Hindernisse weitere auftauchen. Denn wie das Zitat von Napoleon Hill es so wunderbar auf den Punkt bringt, gibt es einen entscheidenden Unterschied zwischen dem Wunsch nach einem Ziel und der Bereitschaft, dass es wirklich eintritt. Sich etwas zu wünschen, heißt leider noch lange nicht, auch bereit zu sein, dass es tatsächlich wahr wird, in Erfüllung geht.

Frau sollte annehmen, dass wenn ich mir etwas wünsche, ich auch tatsächlich will, dass der Wunsch in Erfüllung geht. Oft ist es jedoch so, dass wir noch nicht bereit sind, dass der Wunsch in Erfüllung geht. Einige bekommen auch Angst vor der eigenen Courage.

Wenn du im Laufe deiner Reise auf der Stelle trittst, frage dich, ob du schon bereit bist, dass dein Wunsch tatsächlich in Erfüllung geht. Ob du dich schon auf die Zielgerade, den Endspurt begeben kannst und willst. Vielleicht ist es aber auch noch notwendig, eine Ehrenrunde einzulegen, weil es noch etwas zu lernen, zu klären für dich gibt.

Schreibübung

Was muss ich noch lernen?

Was ist die Aufgabe hier für mich?

Was lehrt mich das Warten?

Zeit finden für das Abenteuer

Ein nicht zu unterschätzendes Hindernis in der Heldinnenreise ist der Faktor Zeit. Selbst wenn wir uns für das Abenteuer entschieden haben und auch einen Weg gefunden haben, das Abenteuer zu finanzieren – woher die Zeit dafür nehmen? Wieviel Zeit kannst du für deine Heldinnenreise erübrigen? Wieviel Zeit braucht es, deine Wünsche zu erfüllen?

Ich ertappe mich selbst immer wieder dabei, dass ich Listen schreibe, was ich heute alles zu erledigen habe. Da kommen neben den beruflichen Dingen wie Kund*innen anrufen, Angebote schreiben, Homepage aktualisieren, auch die alltäglichen Dinge wie Wäsche waschen, einkaufen, mit den Hunden spazieren gehen dazu. Und ganz am Ende der Liste steht dann zum Beispiel den Roman schreiben. Erst wenn alles andere erledigt ist, erlaube ich mir, mich meinen Wünschen zu widmen. Und wundere mich dann, dass ich bei meinem Abenteuer auf der Stelle trete, nichts weitergeht. Wie auch? Denn meist sind die Dinge, die am Ende der Liste stehen, auch jene Dinge, zu denen wir nicht mehr kommen. Die überbleiben und auf den nächsten Tag verschoben werden – und auf den nächsten und auf den übernächsten.

Wie also findest du die Zeit für dein Abenteuer? Damit wären wir bei den altbekannten Regeln des Zeitmanagements. Ich möchte dich damit nicht langweilen – abgesehen davon, gibt es zu viele gute Bücher zu dem Thema, als dass ich mich auch noch darüber auslasse. Aber eines ist klar – wenn du deinem Wunsch keine hohe Priorität auf deiner To-do-Liste einräumst, wirst du nur sehr langsam, wenn überhaupt auf dem Weg weiterkommen.

Du hast mit dem Flowchart dein Abenteuer in viele kleine Einzelschritte zerlegt. So kannst du jeden Tag für fünfzehn oder zwanzig Minuten etwas für dein Abenteuer tun. Denn die alte Lebensweisheit „Steter Tropfen höhlt den Stein" gilt auch hier. Wenn du jeden Tag etwas für dein Abenteuer tust – hier ein Anruf, dort etwas lernen – wirst du über kurz oder lang das Abenteuer bestehen. Und wenn du einen Tag nichts dafür tust – okay. Aber lasse keine Woche daraus werden. Meine Klient*innen erzählen mir immer wieder, dass, wenn sie einen, zwei oder drei Tage nichts für das Weiterkommen ihres Abenteuers tun, sie aus Frust oder schlechtem Gewissen es gleich ganz lassen. Schade. Denn natürlich gibt es Tage, da gehen dir die Dinge leichter von der Hand. Und an anderen Tagen ist es wieder schwieriger. Aber diese schwierigen Tage heißen nicht, dass du gleich ganz aufgeben sollst– dann mach am nächsten oder übernächsten Tag eben weiter.

Höre ich da ein „Ja, wenn es so einfach wäre!". Es ist mir klar, dass es nicht einfach ist, Zeit in deinem vielleicht übervollen Tag zu finden. Auch mir gelingt es nicht immer bzw. unterschiedlich gut. Aber die Frage ist doch – wie wichtig ist es dir? Wenn du wirklich überzeugt bist von deinem Vorhaben, dann findest du auch die Zeit dafür. Überlege, welchen Tätigkeiten du weniger Zeit opfern könntest, ohne dass dein Leben zusammenbricht. Kannst du diese Zeit stattdessen in dein Abenteuer investieren? Vielleicht kannst du ja auch gewisse Dinge miteinander kombinieren – zum Beispiel im Fitnesscenter, wenn du am Fahrrad sitzt nicht fernsehen, sondern ein Buch lesen, das dich bei deinem Abenteuer weiterbringt.

Schreibübung

Hier einige Fragen, die du wieder in deinem Reisetagebuch beantworten sollst:

Wie kann ich Zeit für mein Abenteuer finden?

Welche Tätigkeiten kann ich in den nächsten Wochen weglassen oder reduzieren, um so Zeit für mein Abenteuer zu schaffen? Heißer Tipp: Stoppe einen Tag lang mit, wieviel Zeit du in Sozialen Medien verbringst. Wäre es okay, nur die Hälfte dieser Zeit für dein Abenteuer zu verwenden?

Welche Aufgaben kann ich delegieren, um Zeit für mein Abenteuer zu finden?

Die schwärzeste Nacht

Der Weg der Hindernisse hat seinen absoluten Tiefpunkt in der „schwärzesten Nacht". In einem Modell über Veränderungsprozesse wird es auch als „Das Tal der Tränen" bezeichnet. Tatsächlich ist das der schmerzlichste Teil der Reise. Es ist der Punkt, an dem wir uns unser Scheitern eingestehen müssen. An dem wir erkennen, dass wir, so wie wir bisher agiert haben, unser Ziel nicht erreichen werden. Dass jede weitere Anstrengung in die gleiche Richtung, ein „mehr vom Selben" wäre, es uns aber trotzdem unserem Ziel keinen Schritt näherbringt. Sind wir ehrlich – wer gesteht sich schon gerne ein, dass die bisherigen Bemühungen fehlgeschlagen sind. Dass alles, was wir bis zu diesem Zeitpunkt gemacht haben, zu wenig oder schlichtweg falsch war. Das ist es unter anderem, was die schwärzeste Nacht für viele Menschen so schmerzlich macht. Menschen agieren üblicherweise so, dass sie es für sich als logisch empfinden. Und wir haben nun mal gerne Recht – das heißt, wir tun im allgemeinen Dinge, die unsere Vorstellungen bestätigen. Wir verhalten uns und handeln so, dass wir uns selbst damit Recht geben. Ein durchaus sinnvoller menschlicher Zug, da wir Widersprüchlichkeiten nur bis zu einem bestimmten Grad aushalten. Wenn wir merken, dass uns etwas nicht gelingt oder unser Tun nicht den gewünschten Erfolg bringt, erhöhen wir die Anstrengungen, um unsere ursprüngliche Annahme doch noch zu bestätigen. Um uns ja nicht eingestehen zu müssen, dass unsere Ausgangssituation vielleicht nicht ganz richtig war. Mit dem Erhöhen der Anstrengung ist „mehr vom Selben" gemeint. Wir wiederholen dieselbe Handlung wieder und wieder – noch ernsthafter, noch verbissener, noch konzentrierter nach dem Motto: Irgendwann wird es schon klappen. Und übersehen in unserem Streben, Recht zu behalten, ganz, dass es vielleicht auch andere Wege zum Ziel gäbe. Wege, die wir vielleicht noch nie ausprobiert haben, weil sie von unseren Vorstellungen etwas abweichen. Lösungen, für die wir unsere Komfortzone verlassen müssen. Wir können Neues jedoch nur lernen, wenn wir diese Komfortzone verlassen und uns in die sogenannte Stretchzone begeben.

Das klingt jetzt alles sehr theoretisch, meinst Du? Lass es mich durch ein Beispiel aus meiner eigenen Heldinnenreise erklären:

Als ich mich selbständig machte, war ich der Meinung alleine über Empfehlungen, Mundpropaganda, etwas Networking, Verteilen meiner schönen Postkarte und meiner hübschen Homepage, meine Firma ins Laufen zu bringen. Ich habe fast zwei Jahre auf diese Art und Weise versucht, mit meinem Unternehmen Fuß zu fassen und mich zu etablieren. Meine innere Haltung war, dass wenn die Leute erst sehen, was ich für eine gute Coachin bin, sie mich weiterempfehlen. Schließlich habe ich ja auch bisher, als ich neben meinem Angestelltenverhältnis meine ersten Klient*innen begleitet habe, so meine Neukund*innen bekommen.

Als sich die Zahl der Kund*innen jedoch nicht wirklich erhöhte, und zwar so, dass ich davon wirklich leben konnte, habe ich meine Bemühungen in die gleiche Richtung verstärkt: Ich habe meine Website neu gestaltet, bin zu noch mehr Netzwerktreffen gegangen und habe bestehende Kund*innen gebeten, mich weiterzuempfehlen. Prinzipiell eine übliche Strategie im Dienstleistungsbereich. Bis ich in einem Sommer ohne jegliche Kundentermine und keine Buchungen für meine Herbstseminare erkennen musste: So, wie ich es bisher getan habe, werde ich mein Ziel nicht erreichen. Wenn ich mein Tun nicht ändere, wird es so nicht weitergehen und ich muss mir wieder einen Angestelltenjob suchen. Ich musste schmerzlich erkennen, dass etwas, das ich nicht gerne tat, nein geradezu hasste, notwendig war zu tun: zu verkaufen. Ich musste Kund*innen aktiv akquirieren, anstatt darauf zu hoffen, dass sie mich finden und mich ansprechen würden.

Jetzt denkst du vielleicht – wie kann man nur so naiv sein, zu glauben, man kann ohne Akquise und Verkauf als Selbständige überleben? Ich gebe dir Recht. Das Problem an solchen Situationen ist, dass Außenstehenden oft ganz klar ist, weshalb jemand sein Ziel nicht erreicht. Und sie stehen kopfschüttelnd vor der Person und sagen „Aber warum machst Du nicht einfach ...“.

Genau da liegt ja das Problem – es einfach zu tun. Doch leider ist es nicht einfach. Weil wir einen blinden Fleck haben, dort wo andere die einfache Lösung sehen. Weil es uns so verdammt schwerfällt, über den Schatten zu springen, vielleicht auch unseren Stolz runterzuschlucken, der uns bisher daran gehindert hat uns einzugestehen, dass wir mit unseren bisherigen Bemühungen falsch gelegen sind. Und dass es manchmal notwendig ist, Dinge zu tun, die uns schwerfallen oder sogar unangenehm sind. Aber wieso fallen sie so schwer? Weil sie ungewohnt sind. Oder weil wir unsicher sind, ob wir das können, weil wir Angst haben, uns zu blamieren. Oder Angst zurückgewiesen zu werden. Ich hatte Angst vor Absagen – Angst, dass mir irgendein Personalentwickler sagt, sie wollen mit mir als Coachin nicht zusammenarbeiten. Ich musste lernen, dass ein Ablehnen meines Angebotes nicht ein Ablehnen meiner Person ist.

Was ist es, das du in der schwärzesten Nacht lernen musst?

Klar ist, dass die schwärzeste Nacht eine entscheidende Phase deiner Reise ist. Hier geht es ans Eingemachte, hier ist der schmerzliche Punkt, an dem du den Tatsachen ins Auge sehen und dir eingestehen musst, dass deine bisherigen Bemühungen fehlgeschlagen sind. Vielleicht nicht alle, aber doch einige. Und das tut einfach weh! Doch dieser Punkt birgt auch eine große Chance: Etwas zu ändern. Zu erkennen, was schief gelaufen ist, ist die gute Voraussetzung um sich anzusehen, was du anders machen kannst. Aber auch von welchem inneren Bild, von welchen Glaubenssätzen, du dich verabschieden musst, um dein Ziel zu erreichen. Ich habe mich an dem Punkt von dem Glaubenssatz verabschiedet, dass Verkaufen ein schmutziges Geschäft ist. Meine Einstellung dem Verkaufen gegenüber war negativ. Es ging sogar soweit, dass ich erkennen musste, wie unangenehm es mir war, über Geld zu reden – ganz nach dem Motto „Geld hat man, darüber spricht man nicht". Doch wenn man, so wie ich, nicht aus reicher Adelsfamilie kommt, ist dies die falsche Haltung.

So zu tun, als hätte man Geld ohne es wirklich zu haben, grenzt an Hochstapelei. Und in meinem Fall an Selbstbetrug. Indem ich mit diesen alten Glaubenssätzen aufräumte und mir erlaubte, über Geld zu reden, konnte ich neue Wege finden, wie ich an das benötigte Geld kam. Denn dann wurde klar, dass Akquise notwendig ist. Dass man mich als Coachin und Trainerin nur buchen wird, wenn ich die Firmen wissen lasse, dass es mich gibt und dass ich mein Wissen gegen Geld weitergebe. Das war keine einfache Zeit, mir selbst einzugestehen, dass ich mich selbst betrüge, wenn ich so tue, als spielte Geld keine Rolle – und gleichzeitig nicht wusste, wie ich meine Miete zahlen sollte.

Jetzt bist du dran: Was ist es, das dich daran hindert, dein Ziel zu erreichen? Ja, es tut weh, sich diesen Dingen zu stellen. Aber lieber sich jetzt dem Schmerz stellen, als ihn als chronisches Leiden dein weiteres Leben mit dir herumzutragen. Schaue hin, weiche nicht aus. Nimm dein Reisetagebuch zur Hand und beschäftige dich im Freewriting mit den folgenden Fragen. Nimm dir Zeit – es kann sein, dass du dich über mehrere Tage immer wieder mit denselben Fragen beschäftigen musst.

Schreibübung

Welche Schritte habe ich bisher gesetzt, um mein Ziel zu erreichen?

Welche Ausgangsannahme habe ich mit meinem bisherigen Tun versucht zu bestätigen?

Wo wollte ich mir selbst Recht geben?

Was will ich damit vermeiden?

Welcher Glaubenssatz/welche Annahme steht dahinter?

Ist dieser Glaubenssatz/diese Annahme noch immer richtig?

Wie kann ich mich von diesem Glaubenssatz verabschieden?

Was brauche ich, um mich davon zu verabschieden?

Was wird möglich, wenn ich mich von dem Glaubenssatz verabschiede?

Welche anderen/ neuen Schritte kann ich für mein Ziel dann setzen?

Wen kann ich um Hilfe bitten?

Was würden meine Verbündeten mir raten zu tun?

Was würden mein virtuelles Team oder meine Vorbilder jetzt an meiner Stelle tun?

Welche ersten neuen Schritte kann ich setzen?

Was kann ich Neues ausprobieren?

Nimm wahr, was da ist – im doppelten Sinn des Wortes – nämlich sehen, was da ist, und auch annehmen. Denn dann hast du gute Chancen, nachhaltig etwas für dich/für dein Leben/dein Verhalten zu ändern. Doch bleibe nicht im Selbstmitleid stecken. Diese Phase braucht Zeit, und sie ist schmerzlich. Aber sie wird dich langfristig prägen. Was du in dieser Phase lernst, wirst du nicht so schnell vergessen. Es ist auch eine Phase der Trauer und Traurigkeit. Du kennst das Gefühl vielleicht vom Ende einer Beziehung. Etwas, das hoffnungsvoll begonnen hat und dann immer schwieriger wurde, geht schlussendlich zu Ende. Du wirst traurig sein, nicht wissen wie es weiter geht. Doch wenn du in dieser Phase genau hinsiehst: Was habe ich dazu beigetragen, dass es so gekommen ist? Was kann ich anders machen? Dann hast du viel gelernt, was du in der nächsten Beziehung anders und damit vielleicht auch besser machen kannst.

Also lass den Schmerz und die Traurigkeit in dieser Phase zu. Sie sind ganz normal und für deine weitere Entwicklung und deine weitere Reise wichtig.

Wir kennen diese Phase aus Filmen sehr gut – es ist die Stelle wo unsere Heldin gescheitert ist und glaubt, es gibt keinen Ausweg. Eine Szene im Film, die schwermütig und traurig ist. Mit entsprechender Musik unterlegt. Und interessanterweise oft auch in der Nacht dargestellt. Mir wurde das so klar, als ich die Komödie *Hitch – Der Datedoktor* sah. Der smarte Will Smith spielt darin einen Mann mit flotten Sprüchen, der anderen Männern dabei hilft, ihre große Liebe für sich zu gewinnen. Genialerweise ist er selbst Single bzw. lässt sich auf keine ernsthafte Beziehung ein. Bis er eine Frau kennenlernt, bei der ihm das oberflächliche Geplänkel nicht mehr gelingt, und er sich ernsthaft verliebt. Doch durch einen dummen Streit geht die Beziehung in die Brüche. Und dann gibt es eine Szene, wo ein geläuterter Will Smith nachts auf seiner Terrasse steht und über die Stadt blickt. Seine

Einsamkeit wird deutlich und mit entsprechender Musik untermalt. Und er muss sich an der Stelle eingestehen, dass er durch sein Verhalten diese Beziehung in den Sand gesetzt hat. Und er hinterfragt sogar seinen sonst so erfolgreichen Beruf, weil er als Datedoktor seine Freundin nicht halten konnte. Selbst in dieser so amüsanten Story gibt es den Punkt der schwärzesten Nacht. Der Teil des Filmes, in dem wir oft zu Tränen gerührt sind, weil wir den Schmerz unserer Heldin so nachvollziehen können und mitfühlen. Und wenn die Figuren im Film aus dieser Situation einen Ausweg finden, eine Lösung finden, dann sind sie unsere Held*innen. Denn genau das bewundern wir und deshalb schauen wir uns immer und immer wieder Filme an. Weil wir zusehen wollen, wie unsere Leinwandheld*innen es schaffen, die Schwierigkeiten zu überwinden. Wie sie ihren Weg aus der schwärzesten Nacht schaffen, den Konflikt meistern. Denn das macht uns Hoffnung und Mut: Dass auch wir es schaffen, dass auch wir eine Lösung für das Problem finden und einen Weg aus der schwärzesten Nacht. Das ist das Licht am Ende des Tunnels, der Lichtstrahl, der die Dunkelheit durchschneidet.

Also nimm dir Zeit herauszufinden, was bisher passiert ist, was schiefgelaufen ist. Die Dunkelheit, in der du dich jetzt befindest, kann dir helfen, klar zu sehen – weil du nicht abgelenkt wirst von unwesentlichen Dingen, wie das bei Helligkeit der Fall ist.

Tritt im Schutz der Dunkelheit deinen Ängsten und Befürchtungen gegenüber und stelle dich ihnen. Denn wenn du sie bei Dunkelheit bewältigst, ist es bei Helligkeit noch viel leichter.

Der Aufstieg der Heldin

Wenn du die schwärzeste Nacht überstanden hast und verstanden hast, dass du etwas an deinem Verhalten und deinen Handlungen ändern musst, hast du den schwierigsten Teil der Reise überstanden.

In Joseph Campells Schema der Heldinnenreise beginnt nach der schwärzesten Nacht der Aufstieg der Heldin. Die schwierigsten Hürden sind überstanden und du kannst mit großen Schritten deinem Ziel entgegenstürmen.

Doch es gibt eine letzte Prüfung, bevor du dein Ziel erreichst. Im Film ist das kurz vor Schluss eine Schwierigkeit, die sich der Heldin in den Weg stellt, zu einem Zeitpunkt als man dachte, alles geht gut aus, und wir streben dem Happy End entgegen.

Doch nicht nur im Film taucht diese letzte Prüfung auf, sondern auch im realen Leben. Sinn dieser letzten Hürde ist es zu überprüfen, ob du das, was du in der schwärzesten Nacht verstanden hast, auch umsetzen kannst.

Du wirst herausgefordert zu beweisen, ob du deine alten Glaubenssätze tatsächlich überwunden hast. Du bist weit gekommen und hast viele Schritte gesetzt, um dein Ziel zu erreichen. Du hast Verantwortung für dein Leben übernommen. Indem du dich mit deinen Glaubenssätzen beschäftigt hast, haben sich auch deine Handlungen verändert. Du hast deine Komfortzone verlassen und Neues gewagt.

In der letzten Prüfung musst du beweisen, dass du als Heldin in schwierigen Situationen angemessen reagierst. Halte daher nochmals Rückschau und schätze all das, was du gelernt hast.

In dieser finalen Schreibübung sammelst du deine Erkenntnisse aus der Heldinnenreise, damit du diese verinnerlichst und nicht mehr in alte Glaubenssätze und Handlungen zurückfällst.

Schreibübung

Welchen Sinn hat die Heldinnenreise meinem Leben gegeben?

Was war meine Belohnung?

Was habe ich gelernt und kann ich in Zukunft anwenden?

Was genau hat sich alles verändert?

Was hat geholfen, nicht aufzugeben im Weg der Hindernisse?

In welcher Hinsicht hat sich die Reise gelohnt?

Wie wird sich mein Leben in Zukunft verändern?

Wie fühlt es sich an, den Wunsch verwirklicht zu haben?

Welcher Moment war der schönste während der Reise?

Mit all dem Wissen und den Erfahrungen, die du nun gesammelt hast, sollte es leichter sein die finale Prüfung zu bestehen.

Gib den Schwellenwächtern und Zweifeln keine Macht mehr über dich! Geh weiter mutig deinen Weg und

Sei Heldin!

Ich wünsche dir das Beste für deine restliche Reise – genieße sie!

Herzlichst,
deine Michaela

Mehr von der Autorin auf

heldin-sein.at
lighthouse-coaching.at
und
geschichtenschreiberin.at

Ressourcen

1	ted.com/ TED-Talk Shawn Achor: A happy secret to better work
2	Shawn Achor, The Hapiness Advantage, Virgin Books, 2011
3/4	Natalie Goldberg, Schreiben in Cafés, Autorenhaus Verlag 2003
5	Barbara Sher, Ich könnte alles tun, wenn ich nur wüsste was ich will, dtv 2005
6	Natalie Goldberg, Schreiben in Cafés, Autorenhaus Verlag 2003
7	Henriette Anne Klauser, Write it down, Make it happen, Fireside Books, 2005
8	Elizabeth Gilbert, The Big Magic, Fischer Verlag, 2015
9	Barbara Sher, Ich könnte alles tun, wenn ich nur wüsste was ich will, dtv 2005
10	Robert Middleton: https://actionplan.club
11	Colette Dowling, Der Cinderella Complex, Fischer Verlag 1984
12	Julia Cameron, Der Weg des Künstlers, Knaur Verlag, 2000
13	Michael Hyatt, Your best year ever, Baker Books, 2018
14	Danny Gregory, Shut your Monkey, HOW Books, 2016
15	Michael Hyatt, Your best year ever, Baker Books, 2018
16	Barbara Sher, Wishcraft, Edition Schwarzer, 2005
17/18	Michael Hyatt, Your best year ever, Baker Books, 2018
19	Brené Brown, Verletzlichkeit macht stark, Goldmann Verlag, 2017
20	Henriette Anne Klauser, Write it down, Make it happen, Fireside Books, 2005
21	Paulo Coehlo, Artikel Kurier 2007
22/23	Michael Hyatt, Your best year ever, Baker Books, 2018
24	Elizabeth Gilbert, The Big Magic, Fischer Verlag, 2015
25/26	Zitate Napoleon Hill aus: Henriette Anne Klauser, Write it down, Make it happen, Fireside Books, 2005

Notizen

Notizen

Notizen